KOSMOS – Discover Global Affairs

MInter Group s.r.l.
Collana di libri di Geopolitica

Direttore Scientifico
Michele Pavan

Coordinamento Editoriale
Kaitlyn Elizabeth Rabe

Progettazione grafica e impaginazione
Federico Danesi

Con il contributo di Mondo Internazionale APS e Special Eurasia

ISBN: 9798873451944

KOSMOS

Discover Global Affairs

INDICE

Europa

Identità, cultura, multiculturalismo. Un esercizio critico

Fabio Gabrielli – Membro del Comitato Scientifico ed Accademico Mondo Internazionale

L'estrema complessità dei sistemi viventi richiede con urgenza al pensiero una presa in carico seria del linguaggio con cui, non di rado, in nome della retorica della correttezza antropologica, accatastiamo, semplifichiamo fino alla banalizzazione, confondiamo i costituitivi dell'esperienza umana.

Nello specifico alcuni dei nodi cruciali dell'umano, quali lo statuto antropologico dell'identità, della cultura che la innerva, dell'ospitalità di altre culture.

Al fondo della questione sta il fatto che da sempre le società sono multiculturali, essendo la società monoculturale un'astrazione.

Il termine "monoculturale" è senza senso, perché una società del genere non è mai esistita. Tutte le culture sono prodotto di mescolanze e incroci, fin dalla notte dei tempi. A causa del modo in cui si è formata, ogni società è multiculturale ed è pervenuta col tempo ad una sintesi originale. Ognuna mantiene più o meno rigidamente quella miscela che costituisce la sua cultura ad un dato momento.

(Claude Lévi-Strauss, in Robert Borofsky, *Assessing cultural Antropology*, New York: Mc Graw Hill College, 1994, p. 424)

Parole chiave: identità, cultura, multiculturalismo, alterità

Premessa

L'esperienza umana rinvia sempre a una complessità inesauribile, in cui singolarità imperimetrabili, contesti plastici, antropologiche linee di fuga impongono letture serie e responsabili. Oltre le retoriche sentimentalistiche delle cosiddette risonanze interiori, le politiche sguaiate, tutta pancia e bava alla bocca, gli afflati spiritualistici senza carne e senza mondo, le pseudocorrettezze inclusiviste utili solo a risciacquare la coscienza.

In particolare, quando concetti come identità, cultura, multiculturalismo fanno la loro apparizione sulla scena umana, la vigilanza del pensiero deve essere massima.

In gioco c'è la *comunità di destino*:

Il nuovo *umanesimo planetario*- scrive M. Ceruti -, se sarà, sarà prodotto dalla coscienza della *comunità di destino* che lega ormai tutti gli individui e tutti i popoli del pianeta, nonché l'umanità intera all'ecosistema globale e alla Terra [...] L'umanità può sperare di risolvere i suoi problemi vitali solo riconoscendosi come una comunità di destino, *comunità una e molteplice*, condizione emergente della condizione umana del pianeta. L'universalismo che ne deriva *non oppone la diversità all'identità, l'unità alla molteplicità*. Si basa sul riconoscimento dell'unità nelle diversità umane e delle diversità nell'unità umana.[1].

È qui che si può scorgere, nella sua strutturale, quindi creativa, incompiutezza, una possibile, continua M. Ceruti," umanità planetaria, una e molteplice"[2].

---

[1] Mauro Ceruti., *Il tempo della complessità*, Milano: Raffaello Cortina, 2018, p. 189. Il corsivo è dell'Autore.
[2] *Ivi*, p. 190.

I. Quale identità?

Con la mondializzazione siamo chiamati a ripensare profondamente concetti e categorie quali identità, natura, cultura alla luce della complessità.

In altri termini, non si può più procedere per disgiunzioni, dualismi, frammentazioni, dicotomie, separazioni, semmai per articolazioni complesse, con tracciati interdisciplinari.

M. Cerutti, uno dei padri pensiero complesso, scrive:

L'identità umana può essere compresa solo attraverso l'intreccio complesso delle molteplici dimensioni che lo costituiscono e che sono state separate attraverso la costruzione di specialismi e di confini disciplinari: la cultura e la natura; il vivente e il non vivente; la ragione e l'emozione [...] Per delineare l'orizzonte -e la pensabilità stessa – di un *nuovo umanesimo*, che possa davvero mettere in atto il principio universalistico dell'uguale dignità di tutti gli esseri umani, occorre riconoscere la *complessità dell'identità umana* (*unitas multiplex*), in particolare nella sua attuale condizione planetaria[3].

Il concetto di "identità", apparentemente immediato nella sua lettura, appare, a un'analisi più accorta, meno irriflessa, assai scivoloso[4].

Nel suo tracciato etimologico e semantico, identità rinvia al tardo latino *identĭtas -atis*, derivato di *idem* "medesimo", calco del greco ταὐτότης. Insomma, l'essere identico, la perfetta, compiuta uguaglianza, la medesimezza.

In effetti, quando parliamo della nostra identità ci riferiamo a un nucleo profondo, a una sostanza irriducibile, attorno a cui si organizza la nostra biografia (data di nascita, caratteristiche fisiche, visioni del mondo, corredo culturale, sogni, aspirazioni, immaginazioni, ecc.).

Naturalmente, la nostra identità, il nostro timbro ontologico, il nostro posizionamento nel mondo, richiede il riconoscimento dell'Altro: noi siamo nello sguardo dell'Altro, nel contatto che si fa carne relazionale.

---

[3] *Ivi*, p. 168. Il corsivo è dell'Autore.
[4] Sul tema, mi permetto di rinviare a Fabio Gabrielli, *Il potere, il godimento e lo spirito. Uno schizzo antropologico*, Roma: Aracne, 2023.

Nella filosofia occidentale, la sostanza identitaria ha uno statuto concettuale di fondamentale importanza (latino: *substantia*; greco: *hypostasis, ousia*). Il termine indica lo *stare fermo* (radice *st*, la stessa di statua), la stabilità nel movimento, l'ente nella sua unità, nella sua piena identità.

La sostanza, come nota acutamente B.-Chul Han, aspira "a possedersi", separa il suo "patrimonio, proprietà, tenuta"[5] da tutto il resto: sta ferma in sé, procede per separazione dell'identico dall'Altro, recinta, esclude, categorizza, fa della logica del Medesimo e della logica dell'Altro nuclei ontologici distinti.
La sostanza identitaria si arrocca più sulla chiusura che sull'apertura.

Di contro, continua B.-Chul Han, il concetto buddista di *śūnyatā* (vacuità) non contempla l'irrigidimento dell'ente, ma lo fa confluire in un'apertura dove non c'è condensazione di proprietà, identità appropriante, massiccia presenza dell'*Ego*, semmai movimento, reciprocità, abolizione dei limiti, dei confini, delle gerarchie.

In ogni ente, rimarca B. Chul Han, dimora l'intero mondo, tutto è "gentilezza amichevole"[6]:

Nel campo della vacuità - scrive B.-Chul Han - non ha luogo alcuna rigida delimitazione, tutto resta isolato in se stesso. Le cose si plasmano e si rispecchiano l'un l'altra. Il vuoto de-*interiorizza* l'io, facendolo diventare una *res amicae* che si apre come luogo di ospitalità. Anche il con-essere (*Mitsein*) umano può essere compreso a partire da questa gentilezza amichevole[7].

Al netto di questa comparazione culturale, emergono due punti critici sul concetto di identità/sostanza identitaria:

> 1. L'identità non è mai qualcosa di stabile, roccioso, indefettibile, come dice il poeta H.

Michaux, "forse non siamo fatti per un solo io"[8]. Tutta una cospicua tradizione filosofica, da Agostino a Montaigne, da Pascal a Hume, ha posto a tema la grande questione di

---

[5] Byung-Chul Han., *Filosofia del buddhismo zen*, Roma: tr. it. Nottetempo, 2018, p. 49.
[6] *Ivi*, p. 51.
[7] *Ivi*, p. 133. Il corsivo è dell'Autore.
[8] Henri Michaux, *Difficultés*, in *Plumé*, Paris: Gallimard,1963.

quell'enigma che è il presunto io, spesso molteplice, magmatico, disperso.

Il filosofo C. Rosset rimarca come il mito dell'io, di un'identità psicologica, caratteriale forte, inconcussa sia così radicato nella nostra cultura, nei nostri pensieri e nei nostri agiti, da renderlo quasi un dogma capace di eludere qualsiasi riflessione critica in proposito[9].

Eppure, siamo così "fluidi, mutevoli", afferma la pensatrice francese C. Marin, che potremmo vedere in questa fluidità una risorsa, qualcosa di "elettrizzante", capace di scardinare le strutture, i recinti di un'identità chiusa, fissa, stabile[10].

Che dire poi degli *accidenti* (latino *accidens-entis*, "ciò che accade", "che cade addosso", in modo imprevisto, fortuito) che scandiscono la nostra vita, alcuni dei quali, drammatici, capaci di riorientarla, addirittura sfaldarla, al punto che la nostra presunta identità vacilla fino a disperdersi.

C. Malabou, una delle voci più originali del panorama filosofico contemporaneo, sulla scorta di profondi e organici studi hegeliani, in fecondo dialogo con le neuroscienze, intercetta nel concetto di plasticità un momento fondamentale della riflessione filosofica.

La plasticità, sul piano generale, altro non è che la trasformazione incessante del nostro io, la capacità di foggiare forme sempre diverse, traiettorie esistenziali sempre nuove.

Nel caso di *accidenti* tragici come la malattia, si tratta, come la pensatrice francese rimarca in *Ontologia dell'accidente*, di una "metamorfosi per distruzione"[11].

L'accidente - l'incidente, il trauma, il fortuito - non di rado ha una tale potenza da scompaginare la nostra presunta identità, da riscrivere la nostra storia biografica, da inscriversi nello strato profondo del nostro essere.

Nel caso, per esempio, della malattia psichica, non c'è più plasticità, metamorfosi, trasformazione del nostro presunto io, stabile e *muscolare*, semmai diserzione da esso,

---

[9] Clémen Rosset, *Tropiques. Cinq conférences mexicaines*, Paris: Édition de Minuit, 2010, pp. 31-32.
[10] Cfr. Claire Marin, *La fine degli amori. E altri addii che trasformano la nostra vita*, Torino: tr. it. Einaudi, 2023.
[11] Catherine Malabou, *Ontologia dell'accidente. Saggio sulla plasticità distruttrice,* Roma: tr. it. Meltemi, 2019, P. 40.

desoggettivizzazione: il soggetto si eclissa dal mito dell'identità, sfugge da sé stesso, sfugge dalla sua stessa impossibilità di fuggire.

> 2. L'identità che abbiamo visto farsi così aporetica, ontologicamente *sporca*, biograficamente dispersiva, a un secondo livello tematico, non è mai isolata, semmai in costante relazione con l'Altro che la informa, la investe di senso, ne mette in continua discussione la presunta portata univoca, omogenea, trasparente.

Per E. Lévinas, addirittura, la responsabilità verso l'Altro è *immediatamente* etica, prima di ogni libertà, di ogni assunto teoretico, di ogni statuto metafisico, di ogni legge, con tutto ciò che questo comporta per la nostra presunta identità:

Il prossimo mi concerne prima di ogni assunzione, prima di ogni impegno consentito o rifiutato. Sono legato ad esso – che tuttavia è il primo venuto, senza connotati, diviso, prima di ogni legame contratto. Mi ordina prima di essere riconosciuto[12].

La trasparenza del *cogito* appartiene solo alle consolatorie leggi della Ragione e a quelle della Natura.

F. Dostoevskij, in *Ricordi dal sottosuolo*, si fa beffe di queste leggi: l'uomo non è qualcosa di calcolabile, programmabile, prevedibile, non è una" canna d'organo", un "tasto di pianoforte" nel cielo terso delle leggi razionali e naturali cui obbedisce senza mai ribellarsi.

Il protagonista dei *Ricordi dal sottosuolo*, nel potente e suggestivo monologo della prima parte, esclama con evidente tono ironico:

"Ma via", vi grideranno, "ribellarsi non è possibile: due più due fa quattro! La natura non domanda mica il vostro permesso; lei non si interessa mica dei vostri desideri, né se vi piacciano o non vi piacciano le sue leggi. Voi siete obbligati ad accettarla così com'è e perciò dovete accettare anche tutti i corollari[13].

L'identità non è qualcosa di stabile e trasparente, è continua trasformazione in quel reticolo di angoli, spazi, allacciature,

---

[12] Emmanuel Lévinas, *Altrimenti che essere o al di là dell'essenza*, Milano: tr. it. Jaca Book, 2018, p. 108.
[13] Fëdor. Dostoevskij *Ricordi dal sottosuolo*, Milano: tr. it. Feltrinelli, 2002[2] p. 33.

slegamenti, orditi, trame che è la comunità dei corpi, dell'esposizione dei corpi.

J.-L. Nancy, che ha fatto dell'esposizione dei corpi un tema cruciale, sottolinea come la relazione avvenga sempre con gesti, posture, linguaggi corporei:

Sfiorare, rasentare, premere, conficcare, serrare, lisciare, grattare, strofinare, accarezzare, palpare, tastare, plasmare, massaggiare, abbracciare, stringere, battere, pizzicare, mordere, succhiare, bagnare, tenere, lasciare, leccare, scuotere, guardare, ascoltare, annusare, gustare, scansare, bruciare, cullare, bilanciare, portare, pesare[14].

L'esperienza tattile in J.-L. Nancy ha un particolare statuto: l'accarezzare indica sempre una relazione tra due singolarità che sono tali nella pluralità, nella rete comunitaria, in cui ogni toccare e ogni essere toccato non è mai presa, conoscenza, svelamento di qualche natura identitaria, di qualche privilegiata sostanza metafisica dell'io, semmai il luogo, lo spazio, l'insenatura, il canale attraverso cui i corpi comunicano senza pretese conoscitive, senza segreti o recessi da rendere trasparenti, senza presa reale degli uni sugli altri.

Il corpo è la spaziatura, l'articolazione, l'apertura di ogni esistenza: nuda esistenza senza vincoli metafisici, in cui ogni identità non coincide mai con la verità assoluta, intangibile, semmai con il mistero di una finitudine condivisa in cui non c'è alcuna stabilità ontologica che garantisca la *purezza* identitaria.

II. Sull'ambiguità del multiculturalismo

Come "identità", anche i termini "cultura" e "multiculturalismo" sono assai ambigui, sfuggenti, umbratili.

Accanto al significato umanistico di cultura, possesso di conoscenze, dottrine, specialismi che distinguono l'uomo colto dall'uomo comune, marcandone un certo privilegio o distinzione, abbiamo quello antropologico, decisamente più pregnante.

Nella sua formulazione classica, quella di E.B. Tylor:

---

[14] Jean-Luc. Nancy, *Corpus*, Napoli: tr. it. Cronopio, 1995, pp. 76-77.

La cultura è il complesso unitario che include la conoscenza, la credenza, l'arte, la morale le leggi e ogni altra capacità e abitudine acquisita dall'uomo come membro della società[15].

L'approccio evoluzionistico di Tylor, che pur considerava i cosiddetti popoli primitivi a un livello gerarchicamente inferiore di cultura, permetteva comunque di superare il perverso pregiudizio secondo cui esisterebbero popoli, comunità senza corredo culturale.

È stato sottolineato, per esempio da F. Remotti, come il concetto tyloriano di "complesso unitario" (unificazione) rimarchi come la cultura non sia tanto un dato biologico, ma un'acquisizione che interessa ogni società: la cultura plasma l'individuo sia a livello biografico che come membro di una comunità[16].

Non è questa la sede, anche per ragioni di spazio, per fare dell'antropologia culturale più ampia e organica, ciò che interessa, sempre in riferimento alla classica definizione tyloriana, è l'acquisizione della cultura come "complesso unitario" in cui l'individuo si riconosce come membro di una comunità, le cui norme e i cui comportamenti sono indirizzati dal condiviso *humus* culturale di riferimento.

In altri termini, l'umano cerca di curvare lo spazio, il corso altrimenti indifferenziato, anonimo del mondo entro un'organica, unitaria articolazione di senso, che va dalla produzione di artefatti al patrimonio artistico, dalle abitudini e le credenze alle più strutturate visioni del mondo: è tutto questo che possiamo chiamare cultura.

E quando le culture si incrociano, entrano in relazione, producono confronto o chiusura, apertura o resistenza?

Sono forse le culture sigillate o non piuttosto porose, soprattutto nella mondializzazione?

---

[15] EdwardBurnett Tylor, *Primitive Culture. Researches into the development of mythology, philosophy, religion, art, and custom*, London: J. Murray, 1871, p. 5. Cfr. anche B. Bernardi, *Uomo cultura società. Introduzione agli studi etno-antropologici*, Milano: Franco Angeli, 2002[19], pp. 27 e sgg.

[16] Cfr. Francesco Remotti, "Cultura", in *Enciclopedia delle Scienze Sociali*, Roma: Istituto per l'Enciclopedia Italiana, 1992, vol. II, pp. 641-660.

I. Chambers, per esempio, parla di *traffico culturale*, di "traffico globale in via di intensificazione"[17].

A sua volta, E. Glissant parla di una "totalità-mondo" sulla cui scena le culture non si organizzano solo attorno alla loro identità, ma si incontrano nelle loro differenze, nel segno di un "idioma multilingue"[18].

Vivere la totalità-mondo - scrive E. Glissant - a partire dal luogo che ci è proprio significa stabilire una relazione, non consacrare un'esclusione.

Tuttavia, pensando di dare dignità assiologica e giuridica a ogni espressione culturale, soprattutto delle minoranze, verso la fine degli anni Ottanta abbiamo dato vita al cosiddetto multiculturalismo.

Nel 1997, il saggio di N. Glazer, *We Are All Multiculturalists Now*[19], esaltava il valore delle politiche multiculturali come forma privilegiata di attenzione alla tradizioni e ai valori delle minoranze.

Ci si è accorti in seguito che non era possibile liquidare la serietà della questione con il formale rispetto delle identità linguistiche, religiose, culturali delle molteplici etnie che popolano le attuali società.

Gli attentati terroristici e la grande questione migratoria, per esempio, hanno contribuito alla messa in discussione delle politiche multiculturali, poiché troppo arroccate su logiche identitarie, monolitiche, rigide, in cui le differenze implodono nella diversità.

Anche una sorta di associazione tra multiculturale e globale appare indebita, infatti, come nota acutamente E. Pariotti, i due termini sono antitetici:

Legato a logiche identitarie il primo, descrivibile sulla base del modello dell'agire strategico il secondo; rinviante al passato e alla tradizione il primo, tutto centrato sul presente il secondo;

17Cfr. Iain Chambers, *Paesaggi migratori. Cultura e identità nell'epoca postcoloniale*, Roma: tr. it. Meltemi,2018.

18 Cfr. Édouard Glissant., *Poetica del diverso*, Roma: tr. it. Meltemi, 2004.

19 Cfr. Nathan Glazer N., *We Are All Multiculturalists Now*, Cambridge: Harvard University Press, 1997.

costituito da differenze il primo, tendenzialmente omogeneizzante il secondo[20].

Peraltro, il termine "multiculturalismo" presenta diverse accezioni e sfumature, a volte contrastanti, poiché, nota giustamente F. Fistetti, il riferimento è a "universi simbolici dissimili e talora opposti"[21].

In modo particolare, l'aspetto ambiguo del multiculturalismo emerge nella profonda riflessione di Amartya Sen, premio Nobel per l'economia nel 1998:

Una delle questioni principali riguarda il modo in cui gli esseri umani sono considerati. Devono essere classificati secondo le tradizioni (in particolare la religione) della comunità in cui sono nati, e questa identità non scelta deve avere la priorità rispetto ad altre affiliazioni riguardanti la politica, la professione, la classe, il genere, la lingua, la letteratura, l'impegno sociale e molte altre? O le persone devono essere considerate sulla base delle loro varie affiliazioni e associazioni, secondo priorità che spetta a loro decidere (assumendosi la responsabilità di una scelta ragionata)? Dobbiamo inoltre valutare l'opportunità del multiculturalismo basandoci sulla possibilità che le persone con *background* culturali diversi siano "lasciate sole", o su quella che la loro capacità di scegliere in maniera ragionata sia sostenuta dall'istruzione e dalla partecipazione alla società civile? Non si possono eludere questi punti fondamentali se vogliamo valutare il multiculturalismo in modo equo[22].

Alla luce di questa premessa, A. Sen individua il nucleo debole del multiculturalismo, perlomeno così come viene inteso, nell'indebita associazione, se non confusione, tra quest'ultimo e il "pluralismo monoculturale".

Leggiamo ancora A. Sen:

C'è urgente bisogno di ripensare a come viene inteso il multiculturalismo, in modo da evitare confusioni concettuali sull'identità sociale e in modo anche di resistere allo sfruttamento intenzionale del principio della divisione che

---

[20] Elena Pariotti, *Multiculturalismo, globalizzazione e universalità dei diritti umani,* in "Ragion pratica", n. 16, 2001, pp. 63-85, p. 63.
[21] Cfr. FrancescoFistetti , *Multiculturalismo. Una mappa tra filosofia e scienze sociali*, Torino: UTET, 2008.
[22] Amartya Sen, *In bagno lei stinge Mr. Sen?". Un Nobel e lo scontro di civiltà*, www.corriere.it, 26 FEBBRAIO 2006 (Consultato il 9 ottobre 2023).

questa confusione concettuale consente e, in un certo senso, incoraggia. Quel che va soprattutto evitato (se quest'analisi è corretta) è la confusione tra un multiculturalismo associato alla libertà culturale da una parte, e un pluralismo monoculturale associato al separatismo basato sulla fede dall'altra. Una nazione non può essere vista come un raggruppamento di segmenti isolati, dove ai cittadini viene assegnato un posto in segmenti predeterminati[23].

Sen, appellandosi alla "priorità della ragione", rimarca come la pratica multiculturale debba favorire la libertà culturale, la preservazione dei diritti umani, la coesistenza di visioni del mondo, non segmenti identitari, coesistenze rigide, infeconde, se non separazioni nette tra culture, contesti antropologici, orizzonti di fondo[24].

La preservazione dell'identità senza un sfondo comune di valori riconosciuti, rischia, per usare ancora le parole di A. Sen, di assomigliare a "navi nella notte"[25] che si passano accanto l'una all'altra.

Dunque, come l'individualismo è la versione perversa dell'unicità/singolarità costitutiva dell'umano, così la "pluralità di monoculturalismi" è la versione perversa del multiculturalismo.

L'appello continuativo a uno sfondo comune di valori, "a una soglia minimale-universale dell'umano", come la definisce C. Di Martino[26], risulta, tuttavia, aporetico, poiché, se ci riferiamo, per esempio, ai cosiddetti diritti umani o fondamentali, rischiamo sempre l'autoreferenzialità o l'autogiustificazione.

Scrive C. Di Martino:

Ora, un simile tentativo di identificazione di alcuni valori e diritti fondamentali da promuovere e tutelare universalmente contiene un impulso nobile ed è certamente necessario, ma, in quanto espressione e prodotto di una cultura determinata, non può semplicemente autocertificarsi o autogiustificarsi […] Nel contesto attuale, infatti, la tentazione, come si evince da un elenco di diritti che è in costante e mirata evoluzione, è quella

---

[23] *Ibidem.*

[24] Cfr. Amartya Sen, *Identità e violenza*, Roma - Bari: tr. it. Laterza, 2006.

[25] Amartya Sen, *In bagno lei stinge Mr. Sen?"*, cit.

[26] Cfr. Carmine Di Martino, *L'incontro e l'emergenza dell'umano.* Horizonte, Belo Horizonte, v. 8, n. 16, pp.62-79, jan. /mar. 2010.

di proporre-imporre come universali posizioni che sono elaborate in ambiti determinati (quando non in ristrette *élites* culturali) e vengono promosse da organismi internazionali per "orientare" lo "sviluppo" dei costumi degli stessi occidentali nei loro rispettivi paesi. In mancanza di un lavoro critico, filosofico e giuridico insieme, i diritti universali rischiano di diventare strumenti di pressione transnazionale in vista di una nuova e più ampia omologazione, a dispetto della storia e della tradizione dei popoli[27].

Occorre, dunque, un'estrema vigilanza critica dialetticamente organizzata attorno ai concetti di ospitalità, diversità, eredità, oltre le tentazioni identitarie e i *centrismi* di ogni specie, ma anche oltre "false obliterazioni" in cui il politicamente corretto si insinua in modo pervasivo.

Il multiculturalismo fallisce là ove il suo impianto teorico-procedurale si fa *carne del mondo*, pratica di vita, poiché si limita al mero, indifferente riconoscimento - in nome di un astratto universalismo della piena accoglienza di ogni interpretazione del mondo, di ogni visione della vita, di ogni portata etnica, religiosa, culturale - delle culture, accatastate una accanto all'altro, senza relazione, senza disseminazione, senza contaminazione.

Insomma, se il principio di fondo è quello di riconoscere segmenti etnici e culturali sparsi sulla cartina geografica limitandosi ad accatastarli come recipienti di vita sigillati, non sarà mai possibile alcuna contaminazione di eredità culturali specifiche, nessuna dialettica esistenziale, nessun confronto *spirituale* tra i popoli.

È come se nel cosiddetto villaggio globale ci fossero una moltitudine di capanne culturali riconosciute in nome del *correttissimo* universalismo dei diritti, ma separate l'una dall'altra dalle sabbie mobili dell'incomprensibilità dogmatica.

C. Di Martino, di contro, coglie nel segno nel richiamare un tracciato filosofico che costeggia il pensiero di E. Husserl e J. Derrida, secondo cui, per citare quest'ultimo, "nessuna identità culturale si presenta come il corpo opaco di un idioma intraducibile, bensì, viceversa, sempre come l'insostituibile

---

[27] Carmine Di Martino, *L'incontro e l'emergenza dell'umano*, cit., p. 76.

inscrizione dell'universale nel singolare, come la testimonianza unica dell'essenza umana e del proprio dell'uomo"[28].

In altri termini, se stiamo all'*universalità dell'esperienza*, se esercitiamo lo stupore filosofico su quell'autentico sfondo comune che è, appunto, l'esperienza umana, ci accorgiamo che l'accoglienza, l'ospitalità, il riconoscimento delle differenze avviene sempre e comunque a partire dall'*ego*, dalla sua unicità, biografica e comunitaria, dalla sua singolarità espressiva di un'eredità cui da sempre appartiene.

Con le parole di J. Derrida: "Se l'altro non fosse riconosciuto come *ego*, tutta la sua alterità svanirebbe"[29].

L'*ego* non è l'identità rocciosa e gerarchica, immutabile e dogmatica, pienamente trasparente a sé stessa e impositiva, semmai un'apertura *unica*, frutto di un'eredità *assolutamente* singolare, che proprio per questo incontra e ospita le differenze, anch'esse riconosciute nella loro estrema singolarità, nel segno di una contaminazione di eredità *altre* capaci di comprendersi e ricomprendersi tra loro.

È così che le monoculture non sono mai pure, ma miscele di unicità biografiche ed ereditarie e contaminazioni con alterità in un reciproco, dialettico, plastico riorientamento delle stesse singole eredità.

---

[28] Cit. in Carmine Di Martino, *L'incontro e l'emergenza dell'umano*, cit., p. 70.

[29] Jacques Derrida, *La scrittura e la differenza*, Torino: tr. it. Einaudi, 1982, p. 159. Cfr. anche Jacques Derrida, Gianni Vattimo, a cura di, *La religione*, Roma-Bari: Laterza, 1995.

Bibliografia

Bernardi Bernardo, *Uomo cultura società. Introduzione agli studi etno-antropologici*, Milano: Franco Angeli, 2002[19].

Ceruti Mauro, *Il tempo della complessità*, Milano: Raffaello Cortina, 2018.

Chambers Iain, *Paesaggi migratori. Cultura e identità nell'epoca postcoloniale*, Roma: tr. it. Meltemi, 2018.

Chul Han-Byung., *Filosofia del buddhismo zen*, Roma: tr. it. Nottetempo, 2018.

Derrida Jacques. *La scrittura e la differenza*, Torino: tr. it. Einaudi, 1982.

Derrida Jacques., *Fede e sapere. Le due fonti della "religione" ai limiti della semplice ragione*, in

Derrida Jacques., Vattimo Gianni., a cura di, *La religione*, Roma-Bari: Laterza, 1995.

Di Martino, Carmine., *L'incontro e l'emergenza dell'umano*. Horizonte, Belo Horizonte, v. 8, n. 16, pp.62-79, jan. /mar. 2010.

Dostoevskij Fëdor. *Ricordi dal sottosuolo*, Milano: tr. it. Feltrinelli, 2002[2].

Fistetti Francesco., *Multiculturalismo. Una mappa tra filosofia e scienze sociali*, Torino: UTET, 2008.

Gabrielli Fabio, *Il potere, il godimento e lo spirito. Uno schizzo antropologico*, Roma: Aracne, 2023.

Glazer Nathan., *We Are All Multiculturalists Now*, Cambridge: Harvard University Press, 1997.

Glissant Édouard., *Poetica del diverso*, Roma: tr. it. Meltemi, 2004.

Lévinas Emmanuel., *Altrimenti che essere o al di là dell'essenza*, Milano: tr. it. Jaca Book, 2018.

Lévi-Strauss Claude., in Robert Borofsky, *Assessing cultural Antropology*, New York : Mc Graw Hill College, , 1994.

Malabou Catherine., *Ontologia dell'accidente. Saggio sulla plasticità distruttrice,* Roma: tr. it. Meltemi, 2019.

Marin Claire., *La fine degli amori. E altri addii che trasformano la nostra vita,* Torino: tr. it. Einaudi, 2023.

Michaux Henri, *Plumé*, Paris: Gallimard, 1963.

Nancy Jean - Luc. *Corpus*, Napoli: tr. it. Cronopio, 1995.

Pariotti Elena. *Multiculturalismo, globalizzazione e universalità dei diritti umani,* in "Ragion pratica", n. 16, 2001, pp. 63-85.

Remotti Francesco, "Cultura", in *Enciclopedia delle Scienze Sociali*, Roma: Istituto per l'Enciclopedia Italiana, 1992, vol. II, pp. 641-660.

Rosset Clément, *Tropiques. Cinq conférences mexicaines*, Paris: Édition de Minuit, 2010.

Sen Amartya., *In bagno lei stinge Mr. Sen?". Un Nobel e lo scontro di civiltà*, WWW.CORRIERE.IT, 26 FEBBRAIO 2006.

Sen Amartya, *Identità e violenza*, Roma_Bari: tr. it. Laterza, 2006.

Tylor Edward Burnett., *Primitive Culture. Researches into the development of mythology, philosophy, religion, art, and custom*, London: J. Murray, 1871./.

Fabio Gabrielli, *già Preside della Facoltà di Scienze Umane e Professore Ordinario di Antropologia filosofica presso la Ludes University di Lugano, attualmente è docente di Filosofia della relazione presso la School of Management dell'Università LUM, campus di Milano. È anche Visiting Professor di Introduzione alla filosofia presso l'Università di Jaroslaw, in Polonia, È autore di numerosi saggi e articoli scientifici nel campo dell'antropologia filosofica e della filosofia applicata alla medicina (in particolare alla psichiatria) e alla biologia.*

È membro, tra gli altri, del Quantum Paradigm Psychopathology Group (QPP), gruppo internazionale di ricerche e studi sulle psicopatologie dell'umore, e del comitato scientifico della collana di "Antropologia Neo-esistenziale" della casa editrice La Bussola - Aracne di Roma.

È anche Direttore scientifico della collana di "Scienze Umane-Thauma" della casa editrice LED-Edizioni universitarie di Milano.

Analisi del Piano Strategico per la Cybersicurezza 2022-2026

Alberto Salvi - Junior Researcher nel Team G.E.O di Mondo Internazionale, area Sicurezza & Difesa

Il presente paper si propone di condurre un'analisi approfondita del Piano Strategico per la Cybersicurezza 2022-2026 italiano, esaminando le sue componenti chiave, le sfide attuali e le sue strategie operative. Attraverso una valutazione critica, vengono esaminati gli obiettivi strategici del piano, focalizzandosi sull'efficacia delle misure di difesa cibernetica adottate nel contesto nazionale. Vengono esplorate le tappe che hanno portato all'elaborazione del Piano e si valutano le risposte proposte per affrontare tali sfide. Inoltre, il documento analizza la collaborazione tra il settore pubblico e privato, valutando il coinvolgimento delle industrie, la condivisione di informazioni e la resilienza cibernetica del Paese. Infine, sono proposte delle riflessioni finali per cogliere le caratteristiche principali del Piano stesso e del suo scenario operativo, al fine di garantire una difesa cibernetica efficace e sostenibile in un contesto in continua evoluzione.

Parole chiave: Cybersicurezza, Intelligence, Italia, Istituzioni, Sviluppo

I. Introduzione

Poiché il mondo sta diventando sempre più interconnesso e dipendente dalla tecnologia, la sicurezza informatica è diventata una questione fondamentale per i governi e le aziende. Come molti altri Paesi, l'Italia non fa eccezione e a maggio 2022 ha pubblicato il suo Piano Strategico di Cyber Security 2022-2026.

Questo documento fornirà una panoramica del piano appena rilasciato, definendone gli obiettivi, gli scopi e le strategie. Prima di passare all'analisi del piano 2022-2026, verrà fornita una sintesi della normativa italiana prima del 2022 al suo cyberspazio e delle sue strategie.

II. Il Cyberspazio italiano prima del 2022.

L'architettura della National Cyber Security italiana può essere fatta risalire al 2013, dopo l'adozione del "Decreto Monti": nel DPCM, i principali documenti allegati erano il "National Strategic Framework for Cyberspace Security" (NSF) e il "Piano Nazionale per la Protezione del Cyberspazio e la Sicurezza ICT".[1] L'obiettivo della NSF è quello di migliorare la preparazione nazionale contro le sfide e le minacce provenienti dal cyberspazio e di facilitare la cooperazione tra il settore pubblico e quello privato per proteggere le risorse chiave nazionali, riconoscendo il Dipartimento di Intelligence per la Sicurezza (DIS) come il principale attore statale incaricato di proteggere il cyberspazio italiano; è stato istituito il "Nucleo per la Sicurezza Cibernetica" (NSC) per fornire supporto in caso di minacce informatiche rilevanti.[2] Il Piano Nazionale elaborato e definito dal Comitato Interministeriale per la Sicurezza della Repubblica (CISR), ha l'obiettivo di individuare le linee guida operative e le priorità da condurre per avere una migliore implementazione del FSN.[3]

---

[1] Italia, Decreto del Presidente del Consiglio dei ministri, *Direttiva recante indirizzi per la protezione cibernetica e la sicurezza informatica nazionali* (Roma: Gazzetta Ufficiale, 19 marzo 2013), numero 66.

[2] Presidenza del Consiglio dei ministri. *Quadro strategico nazionale per la sicurezza del ciberspazio* (Roma, 2013).

[3] Presidenza del Consiglio dei ministri, *Piano nazionale per la protezione del cyberspazio e la sicurezza delle ICT* (Roma, 2013).

Questo primo progetto rappresenta una svolta significativa nella storia dell'intelligence italiana in quanto le sue funzioni e i suoi compiti sono stati ampliati: tuttavia, a causa della mancanza di direttive chiare e della divisione organica tra AISE (Agenzia per le informazioni e la sicurezza esterna) e AISI (Agenzia per l'informazione e la sicurezza interna), nel 2017 sono stati elaborati un nuovo DPCM (Decreto Gentiloni) e un Piano d'azione aggiornato.[4] In questa occasione, la revisione e l'implementazione del Piano Nazionale di Cyber Security ha permesso di individuare le vulnerabilità all'interno delle linee guida operative e, allo stesso tempo, di semplificare la procedura decisionale per la gestione delle crisi informatiche. La trasformazione più peculiare ha riguardato il trasferimento del CSN come struttura di supporto al DIS e presieduto dal suo Vicedirettore: il compito principale è quello di fornire la pianificazione operativa in risposta a situazioni di crisi cyber e promuovere procedure di condivisione delle informazioni. Ciononostante, l'NSC è il riferimento nazionale per le relazioni con altre organizzazioni internazionali di intelligence e istituzioni internazionali, come l'UE, la NATO e l'ONU.[5] Proprio per questo motivo, è importante sottolineare quest'ultima caratteristica dell'NSC, poiché la prevenzione efficace delle minacce informatiche può essere condotta coordinando segnalazioni e allarmi su questioni informatiche rilevanti.

Poiché le reti e i servizi informativi svolgono un ruolo chiave nell'assicurare il libero scambio e la libera circolazione delle persone nell'Unione Europea, l'Italia ha integrato nel proprio ordinamento la "Direttiva sulla sicurezza delle reti e dell'informazione – NIS" (UE/2016/1148) con il Decreto Legge n.65 del 18 maggio 2018, il cui testo mira a promuovere e diffondere la cultura della gestione del rischio creando un insieme di misure per generare un livello comune di consapevolezza e sicurezza tra tutti i paesi europei.[6] Per raggiungere gli obiettivi della NSI, è stato di fondamentale

---

[4] Italia, Decreto del Presidente del Consiglio dei ministri, *Direttiva recante indirizzi per la protezione cibernetica e la sicurezza informatica nazionali*, (Roma: Gazzetta Ufficiale, 13 aprile 2017), numero 87.

[5] Presidenza del Consiglio dei ministri, *The Italian Cybersecurity action plan* (Roma: Gazzetta Ufficiale, marzo 2017).

[6] Roberto Setola e Giacomo Assenza, *Recepimento della direttiva NIS sulla Cybersecurity delle Reti* (Roma: Sicurezza e Giustizia, 20 gennaio 2019).

importanza individuare gli "Operatori di Servizi Essenziali – OSE" e i "Digital Services Providers – FSD": gli OSE sono tutti attori pubblici o privati che forniscono servizi essenziali per la società o l'economia, il cui blocco potrebbe mettere in pericolo la sicurezza dei cittadini e delle industrie; FSD si riferisce a persone giuridiche che forniscono servizi di e-commerce, cloud computing o motore di ricerca web.

Un ulteriore passo è stato compiuto nel 2021, con l'istituzione dell'Agenzia per la Cybersicurezza Nazionale – A.C.N., che opererà con autonomia organizzativa, sotto la responsabilità del Presidente del Consiglio dei ministri e sarà collocata al di fuori del Sistema per la Sicurezza della Repubblica, ma opererà a stretto contatto con esso attraverso il Nucleo per la Cybersicurezza, che sostituirà l'ex NSC. L'A.C.N. è necessaria per assicurare il coordinamento tra gli attori pubblici coinvolti nella cybersecurity a livello nazionale e promuove l'attuazione di azioni congiunte per garantire la cyber security e la resilienza per lo sviluppo della digitalizzazione nel Paese, riguardanti prodotti e processi IT di importanza strategica a tutela degli interessi nazionali nel settore.[7]

Promuovendo la cultura della sicurezza informatica, questa misura aumenta la consapevolezza del pubblico, del privato e della società civile sui rischi e le minacce informatiche. Con questa struttura, il perimetro della sicurezza informatica viene ampliato senza gravare sulle agenzie di intelligence e, allo stesso tempo, consente di migliorare la qualità e la prontezza delle risposte in caso di attacco. Pertanto, al DIS sono affidate attività di cyber intelligence e all'ACN attività di cyber security, come il controllo e la supervisione del perimetro di cyber security.

III. Il Piano Strategico per la Cybersecurity 2022-2026

Il motivo principale per cui l'Italia è andata avanti a sviluppare una nuova strategia di cybersecurity risiede nel fatto che il Paese ha sempre avuto difficoltà, rispetto ai suoi alleati in Europa e Nord America, a tenere il passo con l'evoluzione digitale e la sicurezza delle sue infrastrutture. Come evidenziato

---

[7] Italia, Decreto-legge del Presidente della Repubblica, *Disposizioni urgenti in materia di cybersicurezza, definizione dell'architettura nazionale di cybersicurezza e istituzione dell'Agenzia per la cybersicurezza nazionale* (Roma: Gazzetta Ufficiale, 14 giugno 2021), n.82, art.7

dal Global Cyber Security Index Report del 2020, condotto dall'ITU (International Telecommunication Union – l'agenzia specializzata delle Nazioni Unite nel campo delle tecnologie dell'informazione e della comunicazione), l'Italia si è classificata al 20° posto a livello globale: anche se il rapporto etichetta il Paese come "sviluppato" con un punteggio complessivo di 96,13/100, ci sono ancora molte aree che devono essere implementate, ad esempio, le misure tecniche.[8] Un altro rapporto, condotto dal National Cyber Security Index, fornisce altri dati che suggeriscono che la gestione delle crisi informatiche in Italia è ancora scarsa, anche se la considerazione complessiva del Paese è considerata di alto livello, ma non così alta come quella di altri Paesi europei come Estonia, Spagna o Germania.[9]

Ciò che rende ancora più urgente la necessità di una nuova strategia è il rapido sviluppo della legislazione a livello europeo, che cerchi di creare un fronte comunitario coeso per affrontare le sfide poste dalla digitalizzazione. In questo senso, la nuova direttiva NIS2 richiede alle amministrazioni e alle imprese dei paesi di adottare standard rigorosi in termini di gestione del rischio, obblighi di segnalazione e condivisione delle informazioni. Una nuova caratteristica degna di nota della direttiva NIS2 è la vulnerability disclosure: l'obiettivo è quello di stimolare tutte le figure esperte europee in ambito cyber a cooperare nel rilevare le vulnerabilità dei sistemi e risolverle prima che qualsiasi altro attore possa sfruttarle *(Pierattoni, 2022)*.[10]

Tale contesto ha quindi portato allo sviluppo della strategia 2022-2026 poiché le nuove forme di competizione strategica e la continua evoluzione dello scenario geopolitico hanno reso necessario rivedere la concezione strategica dell'architettura nazionale di cybersecurity. Proprio per questo motivo, la natura del documento mira ad abbracciare le istituzioni, le imprese e la società.

a. *Attori e sfide*

Prima di definire gli obiettivi della strategia, il documento illustra i quattro principali pilastri tecnico-operativi che sono

---

[8] Unione Internazionale delle Telecomunicazioni, *Global Cyber Security Index Report* (2020)

[9] National Cyber security Index (NCSI). *Italy Report 2016-2023.*

[10] Davide Pierattoni, *La direttiva NIS2: nuovi obblighi e opportunità* (Roma: Sicurezza e Giustizia, 26 agosto 2022).

stati riallocati per massimizzare l'efficienza e la razionalizzazione. L'ACN sarà responsabile delle questioni relative alla resilienza e alla sicurezza informatica; le attività di prevenzione e contrasto alla criminalità informatica saranno svolte dai servizi della Polizia di Stato, del Dipartimento della Pubblica Sicurezza e del Ministero dell'Interno; le attività di difesa e sicurezza dello Stato saranno coordinate dal Ministero della Difesa; infine, la ricerca e l'elaborazione delle informazioni saranno affidate alle divisioni dei servizi di intelligence[11].

Come già accennato, il continuo sviluppo della tecnologia e le minacce nel ciberspazio evidenziano diverse sfide da affrontare: in particolare, le questioni più urgenti sono l'anticipazione dell'evoluzione delle minacce informatiche, la gestione delle crisi informatiche e la lotta contro la disinformazione online sulle minacce ibride[12].

In primo luogo, è apparso chiaro che il focus principale dal presente al futuro deve essere sulle tattiche di difesa attiva, mirando ad aumentare gradualmente il costo degli attacchi informatici e a renderli sfavorevoli: questa strategia mostra un cambio di approccio rispetto al passato poiché stare al passo con la minaccia non è più una strategia vincente e proprio per questo, È necessario anticipare e prevenire le minacce, per mitigarne il più possibile gli impatti.

Strettamente correlato al primo punto, gli ultimi scontri internazionali hanno dimostrato l'importanza primaria di sviluppare un efficace meccanismo di gestione delle crisi informatiche: è richiesto il contributo di tutti i soggetti – dalle istituzioni agli attori privati – affinché gli scenari di minaccia informatica preimpostati possano essere implementati con strumenti e procedure comuni; Inevitabilmente, a causa del grande ritmo con cui si verificano gli eventi geopolitici, è necessario un coordinamento continuo e una prontezza tra tutti gli attori.

Infine, la strategia considera una sfida chiave la protezione dei cittadini da qualsiasi forma di influenza e interferenza nell'esercizio delle libertà fondamentali, soprattutto durante le

---

[11] Agenzia per la Cybersicurezza Nazionale (ACN), *Strategia Nazionale per la Cybersicurezza 2022-2026.* (Roma: Gazzetta Ufficiale, maggio 2022). Paragrafo "The Technical-operational pillars," pagine 6-8.
[12] Ibid., pagina 11

elezioni: la digitalizzazione è onnipresente nella vita quotidiana, e poiché nelle democrazie la volatilità delle informazioni è maggiore, i rischi di essere vittime della disinformazione sono ogni giorno più elevati. La maggiore attenzione dedicata a questo tema deriva anche dall'indagine condotta dal Senato degli Stati Uniti sul coinvolgimento e il tentativo di influenza russa nelle elezioni americane del 2016, che ha mostrato "ampie prove di contatti tra i consiglieri della campagna di Trump e persone legate al Cremlino".[13]

L'adozione di qualsiasi misura di contrasto implica uno sforzo sinergico a livello nazionale e internazionale per creare un ambiente di informazione online che non lasci spazio a coloro che cercano di minare il senso della realtà dei cittadini o di manipolare e polarizzare l'opinione pubblica con fonti non verificate o affidabili.

b. *Obiettivi e strategie.*

Data l'ampia varietà di sfide e obiettivi all'interno del cyberspazio italiano, sono stati selezionati tre obiettivi principali: protezione, risposta e sviluppo.

L'obiettivo di protezione è stato sviluppato seguendo un approccio resiliente, che attribuisce alle strategie e alle iniziative un ruolo primario nella verifica e valutazione della sicurezza delle infrastrutture ICT. Per garantire un'efficacia a lungo termine, è necessario rafforzare le capacità del Centro Nazionale di Valutazione e Certificazione (CVCN) di ACN – a cui è affidato il compito di valutare la sicurezza complessiva di beni, sistemi e servizi ICT implementati all'interno del cyberspazio italiano   attraverso l'integrazione di laboratori di prova privati e pubblici accreditati: in questo modo, gli asset più critici del Paese saranno dotati di linee guida e strumenti per proteggere le tecnologie più avanzate in ogni settore chiave. Inoltre, una conoscenza approfondita dello scenario di minaccia cibernetica si basa sull'aiuto reciproco e sulla comunicazione tra il settore pubblico e quello privato attraverso un potenziamento dell'uso della crittografia (per rendere sicure le comunicazioni) e un sistema integrato di gestione del rischio informatico per analizzare le vulnerabilità in modo previsionale e programmatico. L'atteggiamento generale mostra un approccio "zero trust", ovvero un framework di sicurezza

---

[13] Mark Mazzetti, *G.O.P.-Led Senate Panel Details Ties Between 2016 Trump Campaign and Russia.* (New York City, NY: New York Times, 4 novembre 2020)

adottato da istituzioni e aziende che richiede a tutti gli utenti di essere costantemente autenticati prima di ottenere l'accesso a qualsiasi dato.[14] Altrettanto rilevante per i compiti di protezione è anche il ruolo di Dis, Aise e Aisi. Nello specifico, oltre allo sviluppo di sistemi crittografici, si occupano di tenere sotto controllo le possibili minacce attraverso un costante monitoraggio delle attività. Per contrastare la disinformazione online, il DIS è incaricato di attuare attività di coordinamento nazionale con altre nazioni europee che condividono gli stessi principi per prevenire qualsiasi tentativo di sfruttamento del dominio cibernetico.[15]

Certo, è fondamentale innalzare il livello di protezione generale delle ICT, tuttavia, la prima linea di difesa potrebbe essere violata. Pertanto, un paese deve essere pronto ad attivare tutte queste contromisure per respingere qualsiasi attacco. Per garantire una risposta efficiente è di fondamentale importanza definire un sistema di gestione delle crisi di cybersecurity a livello nazionale con un sistema di coordinamento continuo tra il livello tecnico (Computer Security Incident Response Team - CSIRT), il livello operativo (NCS-ACN) e il livello politico (Primo Ministro) con aggiornamenti periodici delle procedure operative: questo progetto fornirà al Primo Ministro una panoramica completa sulla crisi e sulle possibili soluzioni da attuare da parte di tutti gli attori coinvolti.[16] DIS, Aise e Aisi hanno il compito di rafforzare le capacità di deterrenza informatica in base agli scenari in corso, nonché di potenziare le capacità di contrasto alla diffusione di contenuti online che incitano all'odio, alla violenza e alla discriminazione.[17] I servizi di intelligence italiani sono impegnati a livello internazionale, insieme all'Unione Europea e alla NATO, a definire le procedure per l'attribuzione di attività cyber dannose: anche se l'intera comunità di intelligence nazionale è chiamata a portare il proprio contributo a livello internazionale, l'attribuzione di tali misure di risposta rimane una decisione politica nazionale. Tuttavia, non è stato ancora redatto alcun documento per definire con precisione il posizionamento nazionale e la

---

14 Kapil Raina, *Zero Trust Security* (Austin, TX: Crowdstrike, 17 aprile 2023)

15 Agenzia per la Cybersicurezza Nazionale (ACN) *Piano di attuazione 2022-2026* (Roma, maggio 2022). Misura numero 24, pagina 9.

16 ACN, "Strategia 2022-2026", pagina 19, punto A.

17 ACN, "Attuazione 2022-2026", misure numero 42 e 45, pagina 13.

procedura di attribuzione.[18] Infine, devono essere intraprese azioni per contrastare ogni forma di criminalità informatica: in questo scenario, i servizi di intelligence e le sezioni della polizia nazionale italiana collaboreranno nelle attività investigative e di raccolta per prevenire il terrorismo, i reati informatici finanziari e altre azioni illecite che si verificano contro infrastrutture critiche e individui.

Infine, il terzo obiettivo chiave della strategia è lo sviluppo. Come in parte già accennato, il ritmo con cui il ciberspazio si sta evolvendo richiede che tutti gli attori siano costantemente preparati e aggiornati. Bisogna quindi tener presente che lo sviluppo non può essere orientato verso il breve termine, ma deve essere orientato verso il lungo periodo. La strategia, quindi, prende atto di una serie di misure che devono essere attuate per raggiungere nel periodo 2022-2026: la creazione di un "Campus Nazionale della Cybersecurity" risponde a questa esigenza, fornendo uno spazio comune per istituzioni e attori privati dove la ricerca e lo sviluppo di tecnologie digitali con diramazioni diffuse su tutto il territorio nazionale.[19]

Per raggiungere efficacemente questi tre obiettivi, la strategia e il piano di attuazione hanno sviluppato tre fattori abilitanti che sono progettati per aiutare i legislatori e gli altri attori settoriali ad attuare pienamente i suddetti obiettivi. L'attenzione dei facilitatori è rivolta alla formazione, alla consapevolezza e alla cooperazione. La formazione in materia di cyber security è finalizzata a fornire alle giovani generazioni le competenze e le conoscenze necessarie in materia di ICT a tutti i livelli del sistema educativo e in tutti i contesti, comprese le professioni non tecniche. Oltre alle esigenze di formazione, è stato pianificato per promuovere una cultura della sicurezza informatica, sensibilizzare tutta la società sui rischi informatici e creare la convinzione di un ruolo attivo e responsabile all'interno del cyberspazio. Per realizzare correttamente gli obiettivi della strategia e ottenere i migliori risultati possibili, è necessaria la cooperazione non solo tra la società stessa, ma anche tra le istituzioni e le comunità accademiche e di ricerca a livello nazionale e internazionale.[20]

Lo sviluppo di un quadro nazionale di sicurezza informatica fornirà un punto di riferimento necessario per tutti gli enti del settore pubblico e privato in Italia. Ciò contribuirà a garantire

---

[18] Ibid., misura numero 40, pagina 12.
[19] Ibid., misura numero 49, pagina 15.
[20] ACN, "Strategia 2022-2026", paragrafo "Enablers" pagine 24-26

che la sicurezza informatica sia integrata in tutti gli aspetti delle operazioni aziendali e governative e fornirà un approccio coerente alla gestione del rischio e alla risposta agli incidenti. Il potenziamento delle capacità delle agenzie di cyber security italiane contribuirà a garantire che il Paese sia meglio attrezzato per rilevare e rispondere agli attacchi informatici. Ciò contribuirà a ridurre l'impatto degli incidenti informatici sulle infrastrutture critiche e contribuirà a ridurre al minimo il rischio di violazioni dei dati e altro.

Alla base della strategia e del suo piano attuativo, è possibile individuare una chiara volontà di raggiungere l'autonomia strategica nazionale: si tratta di un tentativo di allontanamento dai colossi tecnologici, attuando politiche di sovranità informativa che consentano il controllo sui dati trattati e conservati sul territorio nazionale. Tuttavia, non è ancora chiaro se questa autonomia strategica sia realizzabile nel periodo 2022-2026. Ad oggi, l'Italia è ancora dipendente da tecnologie emergenti – come il 5G – provenienti da paesi come Stati Uniti e Cina; inoltre, i diversi punti di vista, i diversi gradi di sviluppo e la concorrenza all'interno dell'Unione europea potrebbero rallentare il processo di attuazione di tutte le misure elencate a livello nazionale e internazionale.

IV. Conclusioni

Il Piano Strategico per la Cyber Security 2022-2026 e il relativo Piano di Attuazione rappresentano sicuramente un significativo passo avanti per l'Italia nello sviluppo di un cyberspazio sicuro e resiliente. I documenti sono stati sviluppati considerando le principali sfide geopolitiche del presente e incarnano i principali obiettivi strategici e i mezzi per contrastare qualsiasi potenziale minaccia da parte di attori statali e non statali.

Da un'analisi approfondita dei documenti emergono tre punti chiave. In primo luogo, è stato chiarito in tutti i passaggi della strategia che lo sviluppo dell'ambiente cibernetico non può essere realizzato senza uno sviluppo parallelo della cybersicurezza; inevitabilmente, la prima osservazione conduce ad un secondo aspetto cruciale, come la formazione di agenzie e unità nei Ministeri della Difesa con i conseguenti sviluppi dottrinali e operativi. Infine, l'ampia varietà di attori e attacchi richiede un approccio unificato a tutti i livelli della società e un pensiero strategico su come mitigare le ripercussioni generate da tali minacce.

L'ACN è stata riconosciuta come il principale responsabile della protezione del cyberspazio nazionale. L'inquadramento dell'Agenzia sotto la Presidenza del Consiglio dei ministri e al di fuori dell'apparato di intelligence nazionale ha risolto le precedenti difficoltà di gestione e, dato l'elevato numero di attività, è apparso necessario distribuire le competenze e creare un' *agenzia ad hoc* per affrontare le sfide tecnologiche.

Con l'evolversi dello scenario geopolitico, si evolvono anche le minacce da cui l'Italia deve difendersi. Il dominio cibernetico può essere un campo di battaglia "silenzioso", ma data la crescita degli attacchi, le possibilità di diventare "ad alta intensità" sono notevolmente alte. In futuro, ci si aspetta che i conflitti siano sempre più digitalizzati, anche se non si sa se assumeranno forme completamente cibernetiche, o se la loro funzione "accessoria" al conflitto convenzionale tradizionale rimarrà invariata.

Tuttavia, ciò che appare certo è la formidabile opportunità che questo settore rappresenta per gli attori statali e non: i grandi investimenti e la creazione di unità militari *ad hoc* rispondono sempre più fortemente alla volontà di sfidare le superpotenze mondiali, con la paradossale ricerca di uguaglianza nell'asimmetria delle armi da parte di attori illiberali.

Bibliografia

Agenzia per la Cybersicurezza Nazionale. *Piano di attuazione 2022-2026*. Roma, maggio 2022. Disponibile in inglese: https://www.acn.gov.it/ACN_EN_Implementazione.pdf

Agenzia per la Cybersicurezza Nazionale. *Strategia Nazionale per la Cybersicurezza 2022-2026*. Roma, maggio 2022. Disponibile in inglese: https://www.acn.gov.it/ACN_EN_Strategia.pdf

Italia, Decreto del Presidente del Consiglio dei ministri. *Direttiva recante indirizzi per la protezione cibernetica e la sicurezza informatica nazionali*. Numero 66 del 19-03-2013, pubblicato in Gazzetta Ufficiale https://www.gazzettaufficiale.it/eli/id/2013/03/19/13A02504/s g

Italia, Decreto del Presidente del Consiglio dei ministri. *Direttiva recante indirizzi per la protezione cibernetica e la sicurezza informatica nazionali*. Numero 87 del 13-04-2017, pubblicato in Gazzetta Ufficiale https://www.gazzettaufficiale.it/eli/id/2017/04/13/17A02655/s g

Italia, Decreto-legge del Presidente della Repubblica. *Disposizioni urgenti in materia di cybersicurezza, definizione dell'architettura nazionale di cybersicurezza e istituzione dell'Agenzia per la cybersicurezza nazionale*. 14 giugno 2021, n.82, art.7, pubblicato in Gazzetta Ufficiale. https://www.gazzettaufficiale.it/eli/id/2021/06/14/21G00098/S G

Mazzetti, Mark. *G.O.P.-Led Senate Panel Details Ties Between 2016 Trump Campaign and Russia*. 4 novembre 2020, New York Times. Disponibile all'indirizzo: https://www.nytimes.com/2020/08/18/us/politics/senate-intelligence-russian-interference-report.html

Unione Internazionale delle Telecomunicazioni. *Global Cyber Security Index Report*. 2020 https://www.itu.int/dms_pub/itu-d/opb/str/D-STR-GCI.01-2021-PDF-E.pdf

National Cyber security Index (NCSI). *Italy Report 2016-2023*. https://ncsi.ega.ee/country/it_2022/

Pierattoni, Davide. *La direttiva NIS2: nuovi obblighi e opportunità*. 26 agosto 2022, pubblicato su Sicurezza e Giustizia. https://www.sicurezzaegiustizia.com/la-direttiva-nis2-nuovi-obblighi-e-opportunita/

Presidenza del Consiglio dei ministri. *Piano nazionale per la protezione del cyberspazio e la sicurezza delle ICT*. Roma, 2013 https://www.sicurezzanazionale.gov.it/sisr.nsf/wp-content/uploads/2014/02/italian-national-cyber-security-plan.pdf

Presidenza del Consiglio dei ministri. *Quadro strategico nazionale per la sicurezza del ciberspazio*. Roma, 2013 https://www.sicurezzanazionale.gov.it/sisr.nsf/wp-content/uploads/2014/02/italian-national-strategic-framework-for-cyberspace-security.pdf

Presidenza del Consiglio dei ministri. *The Italian Cybersecurity action plan*. Roma, marzo 2017, Gazzetta Ufficiale.https://www.sicurezzanazionale.gov.it/sisr.nsf/wp-content/uploads/2019/05/Italian-cybersecurity-action-plan-2017.pdf

Raina, Kapil. *Zero Trust Security*. 17 aprile 2023, Crowdstrike. https://www.crowdstrike.com/cybersecurity-101/zero-trust-security/

Setola, Roberto e Assenza, Giacomo. *Recepimento della direttiva NIS sulla Cybersecurity delle Reti*. 20 gennaio 2019, pubblicato su Sicurezza e Giustizia. https://www.sicurezzaegiustizia.com/recepimento-della-direttiva-nis-sulla-cyber-security-delle-reti/

Alberto Salvi *è all'ultimo anno del corso di laurea magistrale in Scienze Internazionali e Diplomatiche, curriculum "Politica e Sicurezza Internazionale" presso l'Università di Bologna. Attualmente è Junior Researcher nel Team G.E.O di Mondo Internazionale, area Sicurezza & Difesa. I suoi interessi di studio principali sono la sicurezza in tutte le sue declinazioni, l'intelligence e la geopolitica del Medio-Oriente e Nord Africa (MENA). Possiede un'ottima padronanza della lingua inglese, ha imparato da autodidatta lo spagnolo per motivi di lavoro e nel suo percorso universitario ha conseguito ottimi voti negli esami di lingua francese.*

Relazioni diplomatiche tra Spagna e Regno Unito

Giorgio Fioravanti

Le relazioni diplomatiche bilaterali tra la Spagna ed il Regno Unito sono da sempre caratterizzate da dinamiche originate dal loro comune passato imperialista e dal presente europeo e monarchico. Fin dai tempi della Guerra di successione spagnola (1701-1714), gli interessi dei due Paesi si sono spesso sovrapposti generando un classico rapporto "amico-nemico", dove lo scontro politico è tanto aspro quanto perenne, accompagnato da spiragli di diplomazia giustificati da una logica di equilibrio tra potenze, prima nel contesto dell'Unione Europea ed ora in quello delle relazioni bilaterali tra Stati sovrani. Il referendum sulla Brexit del 2016, con il conseguente recesso del Regno Unito dall'UE, ha segnato un nuovo capitolo nelle relazioni internazionali tra Londra ed i governi dei suoi ex "compagni" europei. A risentirne particolarmente è stato il rapporto con la Spagna, con la quale il Regno Unito condivide il poco pubblicizzato ma fondamentale confine terrestre alla frontiera tra l'Andalusia ed il territorio d'oltremare di Gibilterra. Il caso di Gibilterra è emblematico delle difficoltà riscontrate dal Regno Unito nel periodo post-Brexit tanto sul piano diplomatico quanto commerciale. La Brexit è dunque solamente l'ultimo avvenimento a turbare le relazioni diplomatiche tra Spagna e Regno Unito, due Paesi che hanno spesso perseguito gli stessi interessi ma con mezzi e filosofie antitetici, e che sono ora costretti a dialogare per assicurare ai rispettivi cittadini un futuro sereno e prospero.

Parole chiave: Regno Unito, Spagna, Relazioni diplomatiche, Europa

I. Introduzione

La Spagna ed il Regno Unito sono da sempre due dei protagonisti dello scenario geopolitico europeo e mondiale. Fin dai tempi imperiali, i due Paesi hanno spesso incrociato le proprie strade e le proprie spade, dando vita ad una delle rivalità più importanti della storia delle relazioni internazionali. Benché nemici di lunghissima data, Spagna e Regno Unito si sono ritrovati saltuariamente nel corso della storia sullo stesso lato della barricata. Il comune sentimento antifrancese prima e quello europeo e monarchico poi hanno permesso ai due Paesi di conoscersi meglio, limitando però i rapporti ai soli affari politici ed economici.

Il rapporto tra i due Paesi rimane incostante anche al giorno d'oggi, nonostante il venir meno della competizione imperialista e delle differenze religiose. L'abbandono dell'Unione Europea da parte del Regno Unito ("Brexit") ha provocato uno sconvolgimento dell'equilibrio europeo, coinvolgendo in maniera particolare gli interessi della Spagna. Un Regno Unito fuori dall'UE rappresenta per la Spagna la potenziale perdita di un canale privilegiato di commercio e turismo, oltre che un'enorme incertezza sul funzionamento del confine meridionale, quello con il territorio d'oltremare britannico di Gibilterra. Dalla risoluzione della disputa sulla sovranità di Gibilterra dipenderanno le sorti delle relazioni diplomatiche tra la Spagna ed il Regno Unito. Per la prima volta nella storia, i due Paesi hanno l'opportunità di mettere da parte il proprio antagonismo per creare un rapporto bilaterale leale e proficuo.

II. L'evoluzione storica delle relazioni anglo-spagnole

Le relazioni e le rivalità tra i due Paesi originano dalla sovrapposizione delle aspirazioni di potenza nel contesto prima globale ed ora europeo. Per ciò che concerne la forma di governo nazionale e lo spirito imperialista, Spagna e Regno Unito partono da radici comuni. Entrambi possono vantare un passato imperiale glorioso ed un presente europeo e monarchico, turbato da sollevazioni indipendentiste di considerevole entità e consenso. Tuttavia, proprio in virtù della comune aspirazione di dominare le terre ed i mari, le relazioni bilaterali tra la Spagna ed il Regno Unito sono da sempre caratterizzate da un alto livello di tensione, militare in passato e diplomatica al giorno d'oggi.

Per secoli, Spagna e Regno Unito si sono alternati nella dominazione sul continente europeo e sui rispettivi possedimenti coloniali. Nel XV secolo, mentre la Spagna condivideva con il Portogallo il monopolio delle esplorazioni navali, l'Inghilterra, che diventerà Regno Unito solo nel 1707, era impegnata nella risoluzione dei conflitti interni tra i casati nobiliari. Ciononostante, l'ambizione espansionista inglese crebbe al punto tale da rendere necessario un sistema di alleanze sul continente europeo, per evitare di soccombere contro l'intesa stipulata tra Spagna e Francia. Nel XVII secolo, le relazioni tra Spagna e Regno Unito peggiorarono a causa dell'ascesa sul trono d'Inghilterra della regina Elisabetta I, di religione protestante ed oppositrice dell'espansionismo spagnolo. Da questo momento in avanti e fino al principio del XX secolo, la rivalità religiosa tra cattolici e protestanti sarà uno dei principali motivi di scontro tra la Spagna ed il Regno Unito.

Durante la prima metà del XVIII secolo, la tensione originata dalle differenze religiose lasciò di nuovo il passo alla competizione espansionista. Nel 1713, alla conclusione della Guerra di successione, la Spagna fu costretta a cedere due territori altamente strategici come Minorca e Gibilterra al Regno Unito, dando inizio ad un'epopea fatta di tentativi di riconquista e di scarsi progressi diplomatici.

La parentesi napoleonica (1796 – 1815) e la conseguente minaccia per l'equilibrio europeo porteranno Spagna e Regno Unito a fare fronte comune insieme ad altri Stati e territori europei nelle guerre contro la Francia. Tuttavia, una volta sconfitto l'esercito francese, la Spagna ed il Regno Unito tornarono a ricoprire il ruolo di rivali che li aveva visti contendersi per secoli il predominio sul continente europeo.

Le conseguenze del Trattato di Utrecht del 1713, come la cessione di un promontorio estremamente strategico come Gibilterra, portarono la Spagna ad elaborare un piano di riconquista del territorio, in nome di una presunta violazione dell'integrità territoriale del regno. Da quasi trecento anni la disputa sulla sovranità di Gibilterra esaspera le tensioni tra Spagna e Regno Unito, che conobbero un periodo di tenue distensione a seguito del processo di democratizzazione e di integrazione europea che la Spagna intraprese tra gli anni Settanta ed Ottanta del secolo scorso. Con l'ingresso nel 1985 della Spagna nella Comunità Europea, di cui il Regno Unito era membro dal 1973, e con la partecipazione di entrambi all'Organizzazione del Trattato del Nord Atlantico (NATO), le relazioni diplomatiche tra i due Paesi vissero un periodo di relativa tranquillità per diverso tempo. Con il venir meno delle aspirazioni coloniali e dell'incompatibilità religiosa, Spagna e Regno Unito hanno inaugurato un delicato processo di normalizzazione delle relazioni bilaterali, focalizzate sugli scambi commerciali ed umani.

Tuttavia, l'abbandono dell'UE da parte del Regno Unito a seguito del referendum del 2016 ha sancito l'apertura dell'ennesimo nuovo capitolo per quanto concerne le relazioni del governo di Londra con gli altri Stati europei. La perdita della membership comunitaria comporta per il Regno Unito la necessità di rivedere l'intero sistema di relazioni politico-economiche con gli ex "compagni" del blocco europeo. In particolare, per quanto riguarda i rapporti con la Spagna, la Brexit riapre la questione del destino di Gibilterra, che sarà approfondita nel capitolo successivo.

In qualità di Paese terzo rispetto all'UE dopo la formalizzazione dell'uscita nel 2020[21], il Regno Unito ha passato gli ultimi anni tentando di ripristinare un sistema di relazioni bilaterali con i singoli Stati europei. Tale operazione non si è rivelata per nulla semplice, ed ancora oggi il Regno Unito deve fare i conti con la propria decisione di tornare a distaccarsi dalla politica continentale. Da questo punto di vista, le difficoltà riscontrate nelle trattative con la Spagna testimoniano la criticità di far coesistere il desiderio di sovranità con la necessità di intrattenere relazioni diplomatiche, politiche e commerciali.

III. Brexit e la questione di Gibilterra

L'uscita del Regno Unito dall'Unione Europea a seguito del referendum del giugno 2016 ha aperto una nuova fase nelle relazioni bilaterali con la Spagna. Con il recesso dall'organizzazione, il Regno Unito ha rinunciato a tutti i diritti e i doveri riservati agli Stati membri. La membership del Regno Unito, iniziata nel 1973 insieme a quella di Irlanda e Danimarca, è stata sempre caratterizzata da un relativo distacco nei confronti dell'organizzazione comunitaria. Durante la permanenza come Stato membro, il Regno Unito è stato il Paese

---

[21] The EU-UK Withdrawal Agreement, 2020.
https://commission.europa.eu/strategy-and-policy/relations-non-eu-countries/relations-united-kingdom/eu-uk-withdrawal-agreement_en

ad aver usufruito del maggior numero di "opt-out"[22], ovvero di deroghe in relazione agli obblighi derivanti dalla membership. La mancata ratifica della Convenzione di Schengen e della Carta dei diritti fondamentali dell'UE e la scelta di non aderire all'Unione Monetaria e alla Cooperazione giudiziaria e di polizia in materia penale hanno fin da subito collocato il Regno Unito in una posizione distaccata rispetto agli altri Stati membri. In quest'ottica, la Brexit si configura come la concretizzazione del desiderio di recupero della sovranità originaria da parte della maggioranza dei cittadini britannici.

In virtù di una forma di stato particolare, una monarchia costituzionale unitaria che raggruppa quattro distinte nazioni costitutive, Inghilterra, Scozia, Galles ed Irlanda del Nord, nonché svariati territori e dipendenze d'oltremare, l'impatto della Brexit sul Regno Unito ha inevitabilmente coinvolto anche i cittadini dei suddetti territori. È proprio questa dimensione della Brexit ad aver riacceso il dibattito tra il Regno Unito e la Spagna, Paesi con una lunga storia di rivalità che condividono un confine spesso trascurato ma di fondamentale importanza tra l'Andalusia ed il territorio d'oltremare di Gibilterra.

Il promontorio, dalle dimensioni esigue ma dall'elevatissima utilità strategica, fu ceduto dalla Spagna al Regno Unito tramite l'articolo X del Trattato di Utrecht del 1713, che mise fine alla Guerra di successione spagnola iniziata nel 1701. Fin dagli anni successivi alla cessione, la Spagna rivendica l'illegittimità della sovranità britannica su Gibilterra, viziata secondo gli spagnoli da un'errata interpretazione di alcune clausole presenti nel trattato. I continui rifiuti britannici portarono gli spagnoli ad assediare la rocca di Gibilterra svariate volte a cavallo tra il XVIII e XIV secolo, fallendo però nella riconquista a causa della strenua resistenza britannica e della proibitiva conformazione del territorio.

Da circa trecento anni, dunque, il destino di Gibilterra è fonte di tensione tra la Spagna ed il Regno Unito, da sempre antagonisti a causa delle comuni ambizioni imperialiste. Parallelamente all'avvicendarsi dei governi a Madrid e Londra, la questione ha attraversato alterni momenti di centralità e di disinteresse. Durante il XIX secolo, Gibilterra assunse un ruolo prioritario come base di rifornimento della Marina britannica,

---

[22] "Opting out", Eur-Lex. https://eur-lex.europa.eu/EN/legal-content/glossary/opting-out.html

assicurando al tempo stesso il controllo sull'omonimo stretto, principale accesso al Mar Mediterraneo fino all'apertura del Canale di Suez nel 1869.

Nel corso del XX secolo, con l'ascesa in Spagna del regime autoritario di Francisco Franco, la campagna irredentista nei confronti di Gibilterra raggiunse il suo apice. Nel 1967 i cittadini di Gibilterra votarono praticamente all'unanimità in un referendum a favore dell'esclusiva sovranità britannica, avviando anche un processo costituzionale che si concluderà due anni dopo. Come ritorsione, il governo spagnolo guidato da Franco predispose la chiusura della frontiera tra l'Andalusia e Gibilterra, unico accesso terrestre per i cittadini ed i rifornimenti della rocca. Fu durante questo periodo di isolamento, terminato solo nel 1982, che la comunità di Gibilterra sviluppò una vera e propria identità nazionale, pur non possedendo formalmente i requisiti di statualità. L'odio nei confronti dei vicini spagnoli, colpevoli di aver isolato ed oppresso il territorio, unito alla "Britishness" (Canessa 2019), l'attaccamento al mondo britannico, sono gli elementi ancora oggi alla base dell'identità territoriale di Gibilterra. Tuttavia, con il passare del tempo e l'avvento della democrazia a Madrid, le tensioni con la Spagna sono diminuite di intensità, anche in virtù di un crescente interscambio economico ed umano tra i due lati della frontiera.

Attualmente, le relazioni bilaterali tra Spagna e Regno Unito sono ancora fortemente influenzate dalla questione di Gibilterra, in particolar modo a seguito della Brexit. Il referendum del 2016, finalizzato dall'accordo del gennaio 2020, ha avuto un impatto enorme sulla quotidianità del territorio di Gibilterra. In quanto territorio d'oltremare britannico parte dell'UE, Gibilterra si ritrova esclusa dalla membership comunitaria analogamente alle altre nazioni costitutive del Regno Unito. L'esito del referendum fu accolto con grande disappunto dai cittadini della rocca, i quali avevano votato al 96% per rimanere nell'UE[23]. Tale percentuale può essere facilmente spiegata prendendo in considerazione l'importanza cruciale delle regole comunitarie per un territorio con le caratteristiche di Gibilterra. La libertà di circolazione dei cittadini e l'accesso al mercato comune sono alla base delle fortune economiche di Gibilterra. L'afflusso a Gibilterra di merci e manodopera provenienti dalla Spagna è ciò che

---

[23] "96 percent vote Remain in the EU referendum; Gibraltar first to declare", GBC News, 24 giugno 2016.

permette alla piccola rocca di mantenere alti gli standard della qualità della vita e dell'imprenditoria.

A seguito dell'abbandono dell'UE da parte del Regno Unito, per Gibilterra si è aperta una nuova fase di incertezza riguardo il proprio destino, di cui il governo di Londra è ancora responsabile, vista la dipendenza che Gibilterra ha nei confronti del Regno Unito per ciò che concerne le relazioni esterne e le politiche di difesa. Le negoziazioni post-Brexit sul futuro di Gibilterra, iniziate dopo la firma dell'accordo commerciale del dicembre 2021 dal quale Gibilterra è rimasta esclusa, sono attualmente ancora in corso. La complessità della vicenda è rappresentata anche dal numero degli interlocutori coinvolti: il Regno Unito assistito dai rappresentanti del governo locale di Gibilterra, l'Unione Europea e la Spagna. A complicare ulteriormente i progressi diplomatici sono i continui cambi di governo a Madrid e Londra, dove oggi siedono rispettivamente un governo socialista ed uno conservatore. Il colore politico dei governi, unito alla lunghissima rivalità tra i due Paesi rende la soluzione della questione di Gibilterra un'impresa che richiede sforzi e compromessi senza precedenti da entrambe le parti. Gli sviluppi più recenti sembrano segnalare che la diplomazia stia riuscendo nel proprio intento: quello di assicurare alla comunità di Gibilterra un futuro prospero e privo di tensione, con benefici conseguenti anche per le regioni spagnole al di là della frontiera[24].

Proprio in virtù della centralità della questione di Gibilterra nelle relazioni bilaterali tra Spagna e Regno Unito, la sua eventuale soluzione potrebbe rappresentare la fine delle tensioni tra Madrid e Londra. In un contesto post-Brexit ancora pieno di incertezze, sia il Regno Unito che la Spagna sono alla ricerca di un disperato equilibrio, tanto diplomatico quanto economico e politico.

IV. Le relazioni anglo-spagnole nell'era post-Brexit

Lo stato attuale delle relazioni bilaterali tra la Spagna ed il Regno Unito è profondamente condizionato dalla Brexit. Il nuovo ruolo del Regno Unito come paese terzo rispetto all'UE

---

[24] "UK reiterates double-lock commitment on Gibraltar at the UN", Gibraltar Chronicle, 11 ottobre 2023.
https://www.chronicle.gi/uk-reiterates-gibraltar-double-lock-commitment-at-un/

ha costretto il governo di Londra a ristabilire una rete di relazioni bilaterali, in sostituzione di quelle multilaterali derivanti dalla membership comunitaria. Per ciò che concerne le relazioni con la Spagna, da sempre caratterizzate da tensione e diffidenza, il processo si sta rivelando, come prevedibile, lungo e complesso. Si è dovuto infatti procedere gradualmente, dando la priorità alle questioni pratiche come i rapporti commerciali e la circolazione dei cittadini stranieri. Sebbene i rapporti diplomatici non siano mai stati idilliaci, quelli commerciali hanno sempre rappresentato una parte importante delle relazioni anglo-spagnole. Allo stesso modo, il continuo interscambio di capitale umano, sotto forma di turisti, lavoratori e studenti, ha permesso alla cultura britannica e a quella spagnola di avvicinarsi sempre di più.

Le differenze nella modalità di fare business e nelle caratteristiche geografiche e climatiche rendono rispettivamente Spagna e Regno Unito gli esponenti di due modelli antitetici, alla base delle secolari divergenze tra i due Paesi. Ciononostante, da tale contrasto scaturisce una complementarità quasi unica nel panorama mondiale, testimoniata dalla mole di investimenti diretti esteri (IDE) reciproci e di cittadini residenti nell'altro Paese[25]. Il Regno Unito si configura attualmente come il secondo Paese per numero di IDE in Spagna, mentre il Paese iberico dirige ben il 20% dei suoi IDE totali verso il Regno Unito.

Secondo un report dell'Official Monetary and Financial Institutions Forum (OMFIF)[26], nel 2019 il totale dei cittadini del Regno Unito residenti in Spagna superava le 346 mila unità, rappresentando la terza comunità straniera più popolosa dopo quelle di Marocco e Romania. Secondo lo stesso studio, i cittadini spagnoli residenti nel Regno Unito superavano nello stesso periodo le 182 mila unità, dimostrando la reciproca appetibilità dei due Paesi nonostante le profonde differenze culturali.

In virtù di tali cifre non è esagerato affermare, come dichiarato dal presidente della Camera di Commercio di Spagna nel Regno Unito, Eduardo Barrachina, che "le relazioni bilaterali tra la

---

[25] Eugenia Gutierrez, "Since Wellington's arrival in Spain, relations between the two countries had never been as good as today", Fundación Hispano Británica, 20 febbraio 2021. https://fundacionhispanobritanica.org/en/since-wellingtons-arrival-in-spain-relations-between-the-two-countries-had-not-been-so-good/
[26] *Ibid.*

Spagna ed il Regno Unito non sono mai state tanto positive quanto al giorno d'oggi".[27] Il venir meno delle tensioni di matrice religiosa ed imperialista hanno permesso alla Spagna ed al Regno Unito di intraprendere un processo di reciproca conoscenza. Tale avvicinamento, tuttavia, non è ancora sufficiente per risolvere la più delicata tra le questioni relative alle relazioni bilaterali tra Spagna e Regno Unito, ovvero la questione di Gibilterra.

La disputa sulla sovranità di Gibilterra, risalente a più di trecento anni fa, non ha ancora trovato una soluzione definitiva. Da circa due anni vanno avanti trattative diplomatiche tra Regno Unito, Gibilterra, Unione Europea e Spagna per trovare un compromesso che permetta a tutte le parti in gioco di beneficiare da un accordo post-Brexit sul destino di Gibilterra. Negli scorsi anni, la controversia tra Spagna e Regno Unito sullo status di Gibilterra ha rischiato di compromettere addirittura l'uscita stessa del Regno Unito dall'UE. Il recesso dall'UE *ex*. art. 50 del Trattato sull'Unione Europea (TUE) richiede infatti l'approvazione da parte degli Stati membri all'unanimità[28]. Durante le negoziazioni non sono mancate da parte del governo spagnolo le minacce di porre il veto sulla Brexit qualora non fosse stata trovata una soluzione appropriata per la questione di Gibilterra. Una volta superata la fase più critica grazie alla diplomazia ed alla promessa di un futuro prospero tanto per Gibilterra quanto per le regioni spagnole limitrofe, è stato possibile dare il via ad una fase di trattative caratterizzata da minore tensione e maggiore comprensione reciproca. Questa fase va avanti ancora oggi, con le varie delegazioni che considerano ormai prossimo il raggiungimento di un accordo vantaggioso per tutti.

I continui cambi di governo a Londra e a Madrid, nonché l'instabilità a livello internazionale hanno rallentato i progressi relativi alla questione di Gibilterra, e più in generale al miglioramento delle relazioni tra Spagna e Regno Unito.

---

[27] Eugenia Gutierrez, "Since Wellington's arrival in Spain, relations between the two countries had never been as good as today", Fundación Hispano Británica, 20 febbraio 2021. https://fundacionhispanobritanica.org/en/since-wellingtons-arrival-in-spain-relations-between-the-two-countries-had-not-been-so-good/

[28] "Recesso dall'Unione Europea", Eur-Lex, 2020. https://eurlex.europa.eu/summary/glossary/withdrawal_clause.html?locale=it

Rispetto al passato, tuttavia, emerge un cauto ottimismo sulle possibilità che il rapporto tra Spagna e Regno Unito intraprenda finalmente la via del riavvicinamento e dell'approfondimento di interscambi ad ogni livello. L'eventuale risoluzione della questione di Gibilterra inaugurerebbe un nuovo corso fatto di stretti rapporti diplomatici, commerciali e culturali, finalmente privi di quell'antagonismo che ha caratterizzato le relazioni anglo-spagnole per secoli.

V. Conclusioni

La storia delle relazioni diplomatiche tra Spagna e Regno Unito è caratterizzata da una tensione costante intervallata da brevi periodi di distensione e diplomazia. Trattandosi di due dei principali protagonisti della storia delle relazioni internazionali, il rapporto tra Spagna e Regno Unito non può che basarsi su uno spirito di competizione e di equilibrio tra potenze. Di recente, le aspirazioni espansionistiche hanno lasciato campo a momenti di confronto diplomatico franco ma leale, conseguenza della comune appartenenza di Spagna e Regno Unito a varie organizzazioni multilaterali. Inoltre, il crescente interscambio commerciale ed umano ha contribuito ad un deciso riavvicinamento tra i due Paesi. Tuttavia, permangono ancora divergenze nette, come quella sul futuro di Gibilterra.

Con la concretizzazione della Brexit, i toni del confronto sono tornati a salire, a dimostrazione di come l'uscita del Regno Unito dall'Unione Europea abbia sconvolto l'equilibrio politico del continente e non solo. A distanza di sette anni dal referendum sulla Brexit, i rapporti tra Spagna e Regno Unito continuano a risentire di tale decisione, che ha avuto un impatto epocale sulle vite dei cittadini tanto del Regno Unito quanto dei suoi ex "compagni" europei. Nonostante le divergenze e l'instabilità internazionale, il Regno Unito sembra intenzionato a perfezionare il sistema di relazioni bilaterali che gli permetterà di cooperare con l'UE ed i suoi Stati membri dall'esterno. In quest'ottica, il recupero di un rapporto amichevole con la Spagna sarà fondamentale per garantire ai cittadini britannici, spagnoli e di Gibilterra un futuro prospero e sereno. Qualora la diplomazia riesca a fare il suo corso, è probabile che le novità introdotte dalla Brexit ottengano l'effetto di normalizzare finalmente i rapporti tra la Spagna ed il Regno Unito.

Bibliografia

"Beyond Brexit: the future of the Spanish-British relationship" Real Instituto Elcano, 7 ottobre 2016. https://www.realinstitutoelcano.org/en/analyses/beyond-brexit-the-future-of-the-spanish-british-relationship/

"Brexit", Exteriores.gob.es https://www.exteriores.gob.es/es/PoliticaExterior/Paginas/Brexit.aspx

Canessa, Andrew. "Bordering on Britishness. National identity in Gibraltar from the Spanish Civil war to Brexit, Springer International Publishing, 2019.

Fioravanti Giorgio. "The rocky road to Gibraltarianness. Identity formation and self-determination in Gibraltar from the Treaty of Utrecht to Brexit", Università degli Studi di Trento e Gibraltar Repository, 2022.

"Opting out", Eur-Lex, https://eur-lex.europa.eu/EN/legal-content/glossary/opting-out.html

"Recesso dall'Unione Europea", Eur-Lex, 2020. https://eurlex.europa.eu/summary/glossary/withdrawal_clause.html?locale=it

"Reino Unido: ficha país", Exteriores.gob.es https://www.exteriores.gob.es/Documents/FichasPais/REINO UNIDO_FICHA%20PAIS.pdf

"Since Wellington's arrival in Spain, relations between the two countries had never been as good as today", Fundación Hispano Británica, 20 febbraio 2021. https://fundacionhispanobritanica.org/en/since-wellingtons-arrival-in-spain-relations-between-the-two-countries-had-not-been-so-good/

"Spain and the UK", gov.uk https://www.gov.uk/world/spain/news#:~:text=The%20UK%20and%20Spain%20share,visiting%20and%20living%20in%20Spain

"Spain Trade and investment factsheet", gov.uk, 1 novembre 2023.
https://assets.publishing.service.gov.uk/media/653fc7d146532
b001467f563/spain-trade-and-investment-factsheet-2023-11-
01.pdf

"Strengthening the relationship between UK and Spain", International Policy Group, 2 marzo 2023 https://intpolgroup.com/strengthening-the-relationship-between-uk-and-spain/

"The absurd history of British-Spanish rivalry, from Henry VIII to Gibraltar", The Guardian, 3 aprile 2017. https://www.theguardian.com/politics/2017/apr/03/absurd-history-british-spanish-rivalry-henry-viii-gibraltar

"The EU-UK Withdrawal Agreement", European Commission, 2020. https://commission.europa.eu/strategy-and-policy/relations-non-eu-countries/relations-united-kingdom/eu-uk-withdrawal-agreement_en

"UK reiterates double-lock commitment on Gibraltar at the UN, Gibraltar Chronicle, 11 ottobre 2023. https://www.chronicle.gi/uk-reiterates-gibraltar-double-lock-commitment-at-un/

"What's next for Anglo-Spanish relations in the post-Brexit era"?, Spain in English, 4 febbraio 2021. https://www.spainenglish.com/2021/02/04/anglo-spanish-relations-post-brexit-era/

Why Gibraltar matters to both the UK and Spain, Investment Monitor, 20 settembre 2022. https://www.investmentmonitor.ai/features/why-gibraltar-matters-to-the-uk-and-spain/

"Why the British won't ditch Spain after Brexit", DW.com, 1 giugno 2021. https://www.dw.com/en/why-the-british-wont-ditch-spain-after-brexit/a-56137900

"96 percent vote Remain in the EU referendum; Gibraltar first to declare", GBC.gi, 24 giugno 2016. https://www.gbc.gi/news/96-percent-voteremain-eu-referendum-gibraltar-first-declare-32494

Giorgio Fioravanti, *26 anni, nato e cresciuto a Rieti. Laureato nel 2022 in European and International Studies (laurea magistrale) presso l'Università di Trento. Tra settembre 2022 e giugno 2023 frequenta con successo un Master post-laurea in Studi Diplomatici presso la SIOI, Società Italiana per l'Organizzazione Internazionale, nella sede di Roma. Attualmente è un redattore freelance e collabora con due redazioni online, Il Caffè Geopolitico e Polis Politics, nella realizzazione di articoli e contenuti a tema geopolitica e relazioni internazionali.*

La competizione all'era della frammentazione: le variabili competitve dei nuovi scenari strategici

Luca Osvaldo Uccello

L'attuale competizione si estende su molteplici fronti, richiedendo il controllo preciso delle variabili chiave per garantire un vantaggio competitivo. Questo studio esplora l'importanza cruciale della capacità di calcolo e dell'agilità operativa nel plasmare il quadro competitivo.

Esaminando le leve per navigare in questo panorama, si suggerisce di migliorare l'agilità operativa attraverso innovazioni nel trasporto e lo sviluppo di nuove rotte commerciali, promuovendo partnership strategiche per implementare queste tecnologie.

Nel contesto del calcolo computazionale, si evidenzia l'essenzialità degli investimenti nelle competenze e tecnologie avanzate, concentrandosi su programmi educativi innovativi e collaborazioni tra settore privato e istituzioni accademiche.

L'Europa, come potenza regolamentare, deve bilanciare regolamentazione e iniziative economiche per mantenere un ruolo centrale nella competizione globale, investendo nel capitale umano e tecnologico.

In un contesto mutevole, la capacità di adattamento e risposta rapida alle sfide emergenti sarà cruciale, dove l'agilità operativa e la capacità computazionale saranno discriminanti nel panorama competitivo futuro.

Parole chiave: Transizione ecologica, transizione energetica, competizione, strategia, geopolitica

I. Introduzione

Con la nascita di nuovi conflitti manifesti, e il prosieguo di quelli latenti, l'interazione tra i blocchi tradizionali dell'ultimo ordine mondiale e quelli emergenti si intensificano a grande velocità. La competizione è una costante anche se si presenta in mutevoli forme ed evolve. Quella che un tempo era una competizione violenta, che si manifestava soprattutto come conflitti su ampia scala, ha lasciato il posto alla competizione economica globale. Con la globalizzazione, i blocchi geopolitici hanno interagito sempre più frequentemente in pace, tuttavia gli eventi recenti degli ultimi anni hanno evidenziato una spaccatura nell'attuale configurazione. La divisione è dovuta a questioni ideologiche, conflitti latenti non risolti, ineguaglianze ed altri fattori sistemici e congiunturali che intensificano queste differenze, da una parte l'integrità dell'ordine mondiale viene rimessa in discussione, dall'altra l'emergenza climatica si consolida e con essa le carte si rimescolano. Le crisi finanziarie, climatiche, politiche e generazionali mettono ulteriore pressione ai decisori politici che cercano la stabilità. Questa situazione porta ad un lento, ma progressivo inasprimento delle relazioni tra i paesi. Ad esempio la crescita del movimento dei paesi non allineati (BRICS) e i nuovi conflitti presenti nel mondo, Ucraina, Niger, Sudan, e tanti altri, ne sono una testimonianza.

A seguito di questi cambiamenti, il quadro competitivo evolve a grande velocità, infatti i conflitti creano incertezza provocando la rottura delle catene di fornitura, instabilità sulle rotte commerciali, la crescita dei flussi migratori, a queste si aggiungono le innovazioni tecnologiche distruttive, le tensioni sociali e la guerra regolamentare. Secondo l'Upsala Conflict Data Program[1] solamente nel 2021 e 2022 sono morte 359.487 persone a causa dei conflitti attualmente in corso, dati che saranno aggiornati al 2023 e che fanno ben temere un incremento delle vittime. Le condizioni di insicurezza sulle vie commerciali tradizionali hanno un effetto sul lievitamento dei costi e l'aumento dei rischi.

A queste si aggiungono l'aumento dei costi dovuto al carburante. Il rapporto della Banca d'Italia "Indagine sui

---

[1]Uppsala Universitet. UCPD - Department of Peace and Conflict Research. https://www.pcr.uu.se/?languageId=1 (Accesso al 21 novembre 2023).

trasporti internazionali di merci[2]" e i dati del Ministero dell'ambiente e della sicurezza energetica[3] illustrano che i costi dei trasporti sono aumentati negli ultimi anni. Questi aumenti possono caratterizzare ulteriori difficoltà per le aziende, quali inflazione e sobrietà.

Tutti questi elementi rendono il quadro competitivo e il terreno di negoziazione una giostra di autoscontro, nella quale vincono coloro che sanno adattarsi meglio alle situazioni meno prevedibili.

In questo articolo si affronta il tema delle nuove variabili della competizione, analizzando come il posizionamento dell'Europa nel panorama globale, possa influenzare il gioco competitivo.

Si analizzano le strategie e le sfide globali nella competizione attuale, evidenziando come la corsa alle risorse rare, elemento cruciale nella creazione delle nuove industrie verdi, e le strategie di reshoring e nearshoring adottate dall'Europa possano essere una soluzione al quadro competitivo.

Inoltre, si esplorano due variabili cruciali nella competizione globale: l'agilità operativa e la capacità di calcolo, illustrando come queste influenzano il vantaggio competitivo dei paesi.

Infine, il testo propone scenari possibili in base alla combinazione di queste variabili, delineando le possibili traiettorie che gli attori globali potrebbero seguire per ottenere un vantaggio competitivo.

In conclusione, il testo evidenzia la necessità per l'Europa di bilanciare la regolamentazione, la sostenibilità e l'innovazione tecnologica per mantenere un ruolo centrale nella competizione globale.

---

[2]Banca d'Italia. "Indagine sui trasporti internazionali di merci." 8 giugno 2022.
https://www.bancaditalia.it/pubblicazioni/indagine-trasporti-internazionali/2022-indagine-trasporti-internazionali/statistiche_ITM_08062022.pdf
[3]Ministero dell'Ambiente e della Sicurezza Energetica. "Prezzi medi annuali dei carburanti." https://dgsaie.mise.gov.it/prezzi-annuali-carburanti?pid=2 (Accesso al 21 novembre 2023).

II. Europa: quali evoluzioni nel quadro competitivo globale?

Analizzando le tendenze attuali, l'Europa si è chiaramente posizionata nel panorama globale come una potenza regolamentare. Eccellere nella regolamentazione fa del continente europeo un nuovo attore della competizione, anche se troppa regolamentazione può bloccare l'iniziativa economica, dall'altra il lavoro del regolatore è proprio quello di guidare le aziende in un terreno meno rischioso, aiutando gli attori economici a ridurre i rischi e a contribuire alla stabilità interna.

Il caso del Patto verde per l'Europa è un esempio per rispondere al cambiamento climatico con fermezza, permettendo alle aziende di navigare le alterazioni del clima con politiche di lungo termine.

Sebbene la regolamentazione voglia essere un assist alla crescita e trasformazione industriale, gli altri stati adattano la loro capacità trasformativa, nell'Inflation act, gli Stati Uniti d'America rilanciano la capacità industriale americana, permettendo alle aziende non solo d'investire massivamente in tecnologie verdi, ma ammortizzando i costi dell'inflazione.

Dall'altra parte della Manica, invece, il Regno Unito prepara la propria tassonomia verde che gli permetta di instaurare un nuovo regime verde degli investimenti e prolungare la sua politica commerciale con i paesi vicini.

Stabilite le regole del nuovo gioco competitivo, i diversi legislatori mondiali cercheranno di facilitare la transizione verde delle aziende, tuttavia s'impone una nuova cartografia delle risorse strategiche, che trovano nelle terre rare, materiali e leghe metalliche dei pilastri fondamentali per la creazione delle nuove industrie verdi.

La reazione delle diverse economie mondiali è plurima, accaparramento delle risorse, sviluppo di nuovi rami settoriali, gestione circolare delle risorse e altre strategie commerciali. Un po' come la corsa all'oro nero, che ha caratterizzato lo sviluppo degli ultimi 100 anni, la corsa alle risorse rare diventa oggi una variabile fondamentale del benessere del futuro. Infatti, le diverse tassonomie verdi e le regolamentazioni creano le basi per un mercato finanziario parallelo che affonda le sue radici nell'investimento in attività verdi e ad impatto ambientale nullo. Se da un lato la tentazione di continuare a utilizzare idrocarburi sia forte, dall'altro l'apertura dei rubinetti dell'oro nero diventerà sempre più costosa per coloro che ne faranno uso. Infatti, a termine l'esistenza di due mercati, quello degli investimenti sostenibili e quello degli investimenti tradizionali, dovrebbe creare una frattura in termini di rendimenti, costi di transazione e rischio che determineranno una divisione tra le economie sostenibili e non.

Nella riscrittura degli equilibri economici e politici, i principali attori sono attualmente in questa competizione per determinare la prossima età dell'oro che distribuirà i benefici ai vincitori.

Dall'accesso alle risorse ad un'attenta gestione, infatti i settori industriali già dall'epidemia del Covid-19 hanno dovuto confrontarsi alla rottura delle catene di fornitura. Per risolvere tale problema la gestione attenta e la scelta di nuovi partner commerciali sono importanti per creare le condizioni di stabilità. Con lo tsunami regolamentare il controllo delle catene di fornitura e la distribuzione diventano delle questioni chiave per rispondere a tutte le parti interessate. In Europa sono numerose le regolamentazioni che incoraggiano le strategie di reshoring e nearshoring per la sicurezza degli approvvigionamenti, ad esempio nel settembre 2020 la Commissione Europea ha lanciato la nuova Alleanza Europea sulle materie prime[4] per garantire la continuità delle forniture delle "terre rare". Alcune aziende hanno già concepito delle strategie di re-shoring per ovviare al problema, altre hanno rimodulato le strategie di approvvigionamento[5], in questo gioco di dama è chiaro che la rilocalizzazione delle attività permetterebbe di rispondere alla riduzione delle emissioni di gas a effetto serra, e allo stesso tempo sarà necessario avere accesso alle uniche risorse scarse presenti sui continenti.

Tuttavia, la competizione è globale e ad oggi si aggiunge una nuova variabile, cosiddetta extra finanziaria, che ridefinisce la maniera di fare affari. Ad oggi, solo alcune aziende si sono preparate a questo cambiamento, ma il rischio è che se le medie e piccole non seguono sarà difficile anche per le più grandi che si sono attivate in anticipo per compiere gli obiettivi.

---

[4] European Raw Materials Alliance (ERMA) - https://erma.eu/ - Accesso al 21.11.2023
[5] ISPI. "Reshoring, l'ora della finanza." 18 novembre 2022. https://www.ispionline.it/it/pubblicazione/reshoring-lora-della-finanza-36731 (Accesso al 21 novembre 2023).

Se il posizionamento e il controllo territoriale è una variabile strategica di competizione, allora quelle variabili che caratterizzano il successo o il fallimento sono la velocità, alla quale lo spazio si occupa, e la potenza di calcolo, che serve a risolvere problemi complessi.

III. Il delineamento delle variabili fondamentali: agilità operativa e calcolo computazionale

Le variabili di agilità operativa e calcolo computazionale sono quelle che permettono di ottenere un vantaggio competitivo a parità di condizioni, tenendo conto delle strategie degli altri giocatori.

L'agilità operativa si riferisce alla capacità di reagire rapidamente alle opportunità e alle minacce nel contesto operativo di un'organizzazione, provocando lo spostamento di risorse, servizi e persone.

Le organizzazioni che possono adattarsi rapidamente alle nuove tendenze di mercato, alle innovazioni tecnologiche e alle esigenze dei clienti possono ottenere un vantaggio competitivo. Essa permette di mettere in opera un cambiamento prima dei propri concorrenti, o allo stesso tempo, permettendo di restare competitivi.

Più concretamente i paesi che riescono a spostare beni materiali ed immateriali, persone e idee in tempo rapido avranno la possibilità di creare un vantaggio competitivo duraturo nel tempo.

Ad esempio, i paesi affetti dall'epidemia di Covid-19 hanno dovuto produrre o somministrare vaccini in tempo record. Questo ha dato la possibilità di rallentare la pressione sul sistema sanitario, salvare vite e capitale umano. Di conseguenza la capacità produttiva e intellettuale dei sistemi paese è stata protetta.

La capacità di calcolo, o potenza di calcolo, è intesa come tutte le tecniche che permettono di elaborare informazioni, risolvere problemi e individuare soluzioni. Essa è cruciale, basti pensare all'avvento dei supercomputer, dell'intelligenza artificiale, il machine learning e altre applicazioni avanzate, che rimettono in questione metodi tradizionali.

La rilevanza di queste variabili può cambiare notevolmente da un settore all'altro. Ad esempio, in un'azienda di produzione tradizionale, l'agilità operativa potrebbe non essere così critica come in un'azienda tecnologica. Tuttavia, in generale, sia l'agilità operativa che il calcolo computazionale possono contribuire al successo di un'organizzazione. La chiave è comprendere le esigenze specifiche del contesto e adattare la strategia in modo appropriato per massimizzare la competitività.

L'analisi si orienta sull'agilità operativa e calcolo computazionale che avvolgono settori strategici quali ferroviario, navale, aereo, tecnologia informatica, educazione.

IV. Le grandi evoluzioni del movimento alla base dell'agilità operativa

Nei trasporti merci e passeggeri il costo del trasporto è aumentato in tutti i canali, a fronte di questo aumento gli attori Europei, ad esempio, dovranno mantenere la capacità di trasporto riducendo le emissioni per rispondere alle nuove sfide globali.

Questi limiti impongono un'equazione da risolvere, da una parte ridurre le emissioni per il bene collettivo e del pianeta, dall'altro un turismo e dei beni che faticheranno a spostarsi ai ritmi attuali.

Ad oggi, il costo del trasporto delle merci è in aumento su quasi tutti i segmenti. Dal 2002[6], l'unico mezzo di trasporto che rileva dei costi in diminuzione per tonnellata trasportata è il treno.

L'Europa in tal senso è un continente che presenta un'infrastruttura ferroviaria in continuo rinnovamento. Inoltre gli scambi tra Europa e Cina avvengono anche tramite trasporto ferroviario, CR Express, la compagnia cinese che gestisce il trasporto merci cinese, illustra come numerose tratte hanno luogo ogni giorno tra oriente e occidente. Tuttavia il corridoio ferroviario include il passaggio dalla Russia e la Bielorussia complicando gli scambi con la Cina. In alternativa, i trasporti aeronavali dovrebbero aiutare l'Europa a comunicare meglio

---

[6] Banca d'Italia. "Indagine sui trasporti internazionali di merci.", 8 giugno 2023, https://www.bancaditalia.it/pubblicazioni/indagine-trasporti-internazionali/index.html?dotcache=refresh (Accesso al 21 novembre 2023).

con i continenti più lontani, ma a scapito della capacità di trasporto, o del tempo, e nei due casi delle emissioni.

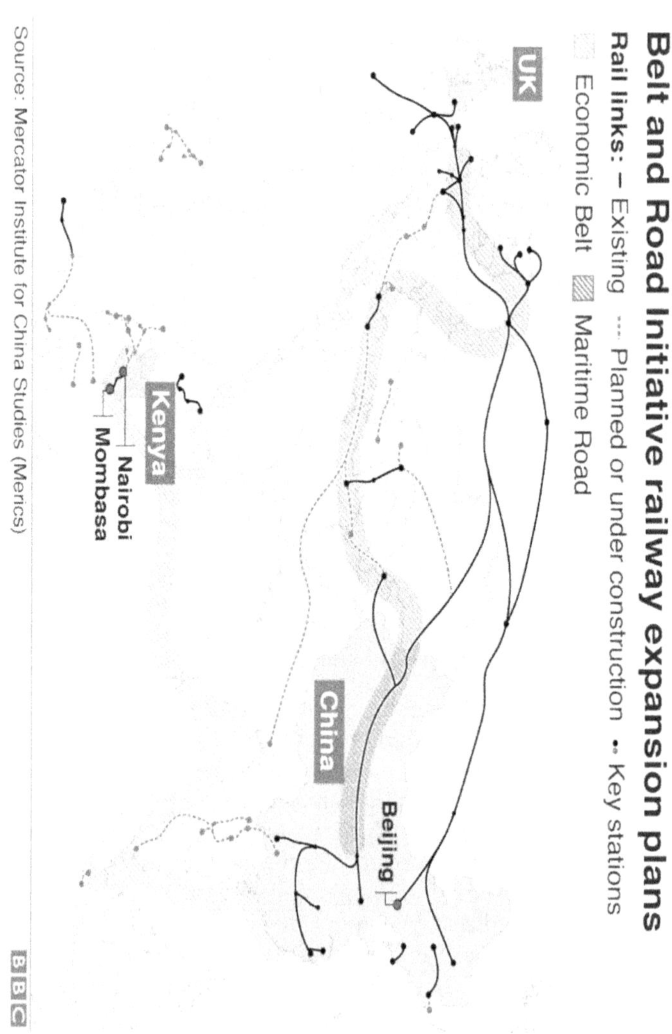

Figura 1 - Iniziativa della Belt and Road. Fonti: BBC

La European Environment Agency spiega, in una nota del 7 novembre 2023, che sarà necessario investire 175 miliardi di euro tra il 2021 e il 2030 nel settore dei trasporti per raggiungere gli obiettivi ambientali europei. Il settore dei trasporti è la prima voce di spesa nella stima dei 550 miliardi di euro per attuare la politica energetica europea.

La stessa agenzia illustra che, sebbene il trasporto su strada e navale siano meno costosi economicamente, la soluzione più ragionevole in termini ambientali restano i treni. Tuttavia, ciò implicherebbe comunque la transizione energetica, in primo luogo, non solo nei paesi Europei, ma in tutti quei paesi dove la linea ferroviaria passa prima di arrivare in Europa. Questo rappresenta una sfida globale.

D'altro canto, i settori dell'aviazione e navale sono anch'essi in fermento. Nel settore dell'aviazione esistono diverse categorie di progetti che spingono gli aerei verso una nuova generazione di volo, i progetti che si basano su biocarburanti e miscele a bassa emissione di gas a effetto serra, quelli che introducono l'idrogeno e quelli che puntano sulla propulsione elettrica; non tutti realizzabili a breve o medio termine.

Ad esempio, nel piano[7] della Nasa pubblicato nel 2018 per arrivare all'aereo con propulsione elettrica [8]si evince che saranno necessari più di 20 anni prima di arrivarci. Lo scarso rapporto tra potenza delle batterie e potenza dei motori limiterebbe il trasporto di beni e passeggeri a poche centinaia di chilometri. Per questo motivo il massiccio investimento in biocarburanti sarebbe la soluzione di medio periodo; tuttavia anche quest'ultimo presenta notevoli difficoltà, non tanto riguardo l'investimento tecnologico, ma la capacità produttiva necessaria a soddisfare la domanda.

Una riflessione simile è possibile per il settore navale che da qualche anno è in fase di riflessione e progettazione riguardo alla sostenibilità del proprio modello. Una delle soluzioni più plausibili sarebbe il gas liquefatto che assicurerebbe una resa migliore, si legge del DNV Transition outlook a 2050 della Norvegia.

---

[7] NASA. "2018 Strategic Plan." https://www.nasa.gov/wp-content/uploads/2021/01/nasa_2018_strategic_plan.pdf

[8] DNV è una società di esperti indipendenti nei servizi di assurance e nella gestione del rischio, riconosciuti mondialmente per la competenza e conoscenza del settore navale.

Secondo questo rapporto sulla transizione, gli esperti identificano delle tecnologie e dei processi logistici altamente sofisticati per la transizione del settore, che è particolarmente complessa da attuare.

Infatti, gli elementi da tenere in considerazione nella transizione del settore sono molteplici: l'idro-dinamicità, l'utilizzo di carburanti a basso tasso di emissione o ad impatto zero, l'uso di pannelli solari e propulsione eolica. La vera rivoluzione del movimento delle merci su nave arriverebbe con la combustione di ammoniaca, che non emette carbonio nell'atmosfera, si evince dunque che le tecnologie in campo marittimo stanno evolvendo a ritmo considerevole e che al momento non esiste una tecnologia predominante.

Per il settore navale esistono delle proposte di cosiddetti "Corridoi verdi", ovvero una serie di rotte navali che si pongono l'obiettivo di essere ad impatto zero per l'ambiente, nella figura 2 se ne leggono 30, che collegano il mondo da est ad ovest. Tuttavia, il sud del mondo è ancora poco avanzato al riguardo, infatti solo una tratta è presente tra Sud Africa e Europa.

Per questo settore l'Unione Europea ha imposto delle condizioni specifiche e molto stringenti, quali l'EU ETS e FuelEU Maritime. Queste regole impongono alle compagnie di trasporto marittimo delle multe di 100 Euro per ogni tonnellata di CO2 che non rientrerebbe nei canoni imposti dalla regolamentazione Europea.

Di fronte ad una tale pressione regolamentare, gli attori europei del settore si trovano ad affrontare investimenti colossali per attuare la transizione, ma coloro che saranno capaci di ottenere il mix energetico più adatto ed efficace, la tecnologia e l'ingegneria necessaria, avranno un vantaggio competitivo ineluttabile che assicurerà il movimento di merci e passeggeri su mari ed oceani.

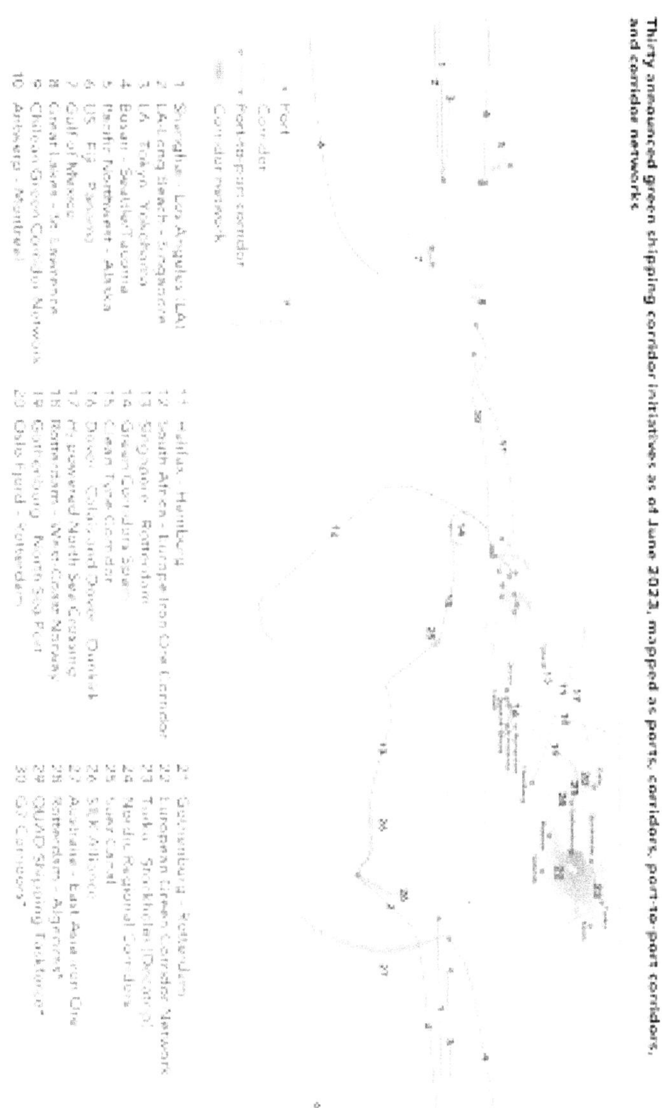

Figura 2 - Estratto. Fonti: DNV Outlook

V. L'evoluzione del calcolo computazionale

In questa corsa alla nuova età dell'oro, l'agilità operativa è una variabile strategica fondamentale, tuttavia la capacità di decidere rapidamente ne è all'origine di qualsiasi decisione, per questo si analizza il calcolo computazionale. La capacità che l'Europa avrà in tal senso di pensare e ricercare nuove soluzioni sarà fondamentale per mantenere il suo ruolo centrale tra oriente e occidente.

Il calcolo computazionale è ciò che permette di raccogliere informazioni, analizzare i dati e risolvere problemi al fine di ottenere soluzioni vantaggiose in qualsiasi campo, da quello scientifico a quello umanistico. Per questo, il capitale umano e tecnologico sono due fattori complementari che inseriscono in questa nuova competizione globale nuove prospettive di cambiamento.

Questa variabile così importante ha delle radici molto antiche e non può prescindere da due fattori che l'alimentano: il capitale tecnologico e il capitale umano.

Il capitale tecnologico:

Nel tempo si sono susseguite innovazioni tecnologiche che hanno cambiato la quotidianità e che continuano a farlo. L'evoluzione delle capacità di calcolo è intimamente legata al capitale tecnologico e viceversa. Man mano che l'uomo ha ottenuto le sue conquiste intellettuali e affinato la logica di calcolo, tramite la matematica, ha cercato di automatizzare e rendere il processo computazionale sempre più facile. Grazie alla creazione di macchine e strumenti che ne illustrano il fondamentale legame con la tecnologia. Ad esempio, le prime macchine che hanno permesso di facilitare il calcolo computazionale erano gli abachi e regoli di calcolo, che sono stati utilizzati per svolgere operazioni matematiche di base per secoli. Spesso sono stati trovati tali strumenti presso gli Egizi e Babilonesi.

Tuttavia, il progresso tecnologico ha aggiunto un grado di complessità tecnica che permetta di facilitare sempre di più il calcolo, automatizzando alcune operazioni. Nel XIX secolo, inventori come Charles Babbage svilupparono macchine di calcolo meccaniche complesse, come l'"Analitica", che erano in grado di svolgere calcoli complessi. Sebbene queste macchine non fossero ampiamente utilizzate, rappresentarono un passo importante verso il calcolo automatizzato.

Ulteriori progressi in campo di capitale umano (che si analizza nel paragrafo successivo), hanno permesso di sviluppare la teoria dei numeri e algoritmi. Le conquiste della matematica hanno permesso la creazione della teoria dei numeri. sempre su questa trafila, nel XX secolo la teoria dell'informazione e

Logica Matematica che hanno permesso l'elaborazione dei concetti di calcolabilità e alla formalizzazione dell'informatica teorica.

Queste teorie hanno costituito la base della nascita dei computer elettronici. Apparsi per la prima volta durante la Seconda Guerra Mondiale, i primi computer elettronici furono sviluppati per scopi militari, come l'ENIAC negli Stati Uniti e il Colossus nel Regno Unito. Questi computer erano enormi e consumavano molta energia, ma rappresentarono il passaggio fondamentale verso il calcolo automatizzato.

L'innovazione di questo capitale tecnologico permise la miniaturizzazione e l'evoluzione dei Computer che divennero sempre più piccoli ed economici. L'introduzione dei transistor e dei circuiti integrati negli anni '50 e '60 rese tutto ciò possibile. Poi, negli anni '70 e '80, il campo del calcolo computazionale iniziò a emergere come disciplina autonoma. Vennero sviluppati linguaggi di programmazione e software specializzati per il calcolo scientifico. Nel frattempo, i supercomputer divennero sempre più potenti e iniziarono ad essere utilizzati per risolvere problemi scientifici complessi, come simulazioni climatiche e analisi di modelli atomici.

Negli anni '80 e '90, i computer personali divennero accessibili a un vasto pubblico e Internet iniziò a connettere i computer in tutto il mondo. Questo cambiamento rivoluzionò la comunicazione e l'accesso alle risorse di calcolo.

Fino ad arrivare ai tempi odierni, dove il calcolo in cloud e l'IA hanno aperto nuove frontiere per l'elaborazione dati e la risoluzione di problemi complessi. La disponibilità di enormi quantità di dati e la potenza di calcolo ha consentito progressi significativi in campi come il deep learning e l'analisi dei big data.

La costruzione della piramide tecnologica, dalla posa delle prime pietre, gli abachi e le prime macchine meccaniche, fino alla sofisticata creazione dei transistor, ha permesso il consolidamento del patrimonio tecnologico sul quale erge il capitale tecnologico attuale. Fonte di produttività e capacità computazionale.

Ad oggi la corsa ai supercomputer e alla securizzazione dell'indotto dei microchip ne costituisce la base fondante della crescita del capitale tecnologico futuro. In tal senso l'Europa non è la prima, ma Cina e Stati Uniti hanno ben investito, come illustrato nella tabella 1 il continente con la più grande capacità computazionale è il Nord America con più del doppio rispetto all'Asia e all'Europa aggregati.

Continente	Numero di Sistemi	Quota di Sistema (%)	Rmax (GFlops)[9]	Rpeak (GFlops)[10]	Nuclei (Processori)
Nord America	171	34.2	3,767,059,160	5,783,060,700	40,923,004
Asia	169	33.8	1,394,797,434	2,090,768,258	39,992,804
Europa	143	28.6	1,762,333,382	2,605,563,101	23,849,492
Sud America	10	2	59,585,540	112,031,782	911,104
Oceania	6	1.2	44,907,840	63,184,785	565,824
Africa	1	0.2	3,158,110	5,014,730	71,232

Tabella 1 - Classifica dei supercomputer secondo TOP 500.

In tal senso, il Nord America si conferma come leader nella ricerca computazionale e il suo utilizzo. Continuando ad esplorare le diverse quote[11] per settore si osserva che l'industria e la ricerca hanno le risorse computazionali più ampie, con l'industria che rappresenta oltre il 41% e la ricerca oltre il 26%. Entrambi hanno capacità significative, con l'industria a oltre 1,4 miliardi di GFlops (Rmax) e la ricerca a oltre 4,1 miliardi di GFlops (Rmax).

---

[9] Rmax: Prestazione massima ottenuta con LINPACK. Il LINPACK è un insieme di software utilizzato per valutare le prestazioni dei computer, specialmente per calcoli intensi. Il test LINPACK misura la velocità e l'efficienza di un sistema nel risolvere un sistema di equazioni lineari e determina quanto rapidamente può eseguire queste operazioni. È comunemente usato come benchmark per valutare le capacità di calcolo di un computer, specialmente nei settori ad alte prestazioni come l'informatica scientifica e l'elaborazione dei dati.
[10] Rpeak: Prestazione teorica massima.
[11] Top500.org è un progetto che si occupa di classificare i 500 sistemi informatici più potenti al mondo https://www.top500.org/statistics/list/

Il settore accademico detiene circa il 20% delle risorse, con una potenza di calcolo di circa 828 milioni di GFlops (Rmax). Il governo ha una quota più piccola ma mostra una potenza rispettabile di circa 162 milioni di GFlops (Rmax).

L'Europa non è leader mondiale, ma il suo posizionamento a confronto con gli altri continenti è promettente. Inoltre, per accompagnare la crescita in campo tecnologico e assicurare più sostegno alla ricerca e sviluppo l'Europa ha emesso l'European Chips Act[12], che prevede incentivi per un totale di 43 miliardi di euro per tutta una serie di operazioni, fra le quali investimenti nelle tecnologie di prossima generazione, favorire gli investitori per la creazione di impianti produttivi nell'area europea, rispondere alle carenze e garantire più sicurezza nell'approvvigionamento, incentivare prototipazione, test e sperimentazione di semiconduttori all'avanguardia.

Tali basi potrebbero assicurare al continente il mantenimento della sua posizione, che potrà ulteriormente migliorare grazie al secondo fattore che alimenta il livello di calcolo computazionale.

Il capitale umano:

Ogni tecnologia avanzata o meno, necessita però del capitale umano adatto al suo concepimento, alla sua manutenzione o alla sua espansione. Per questo motivo, la riflessione sulla competitività Europea non può non essere legata alla questione del capitale umano. Lo sviluppo delle teorie matematiche e informatiche non avrebbero luogo senza le menti e i migliori talenti.

Ad oggi, il capitale umano, inteso come l'insieme dei talenti aventi capacità tecniche e intellettive, è un elemento che alimenta e rafforza la capacità computazionale del sistema paese. In tal senso, l'Europa si posiziona nel panorama mondiale come potenza "allineata".

Nella figura qui sotto, si evince come l'Europa abbia un numero d'iscritti all'istruzione terziaria al pari con altri continenti. Ovviamente, sebbene la percentuale sia importante, nella figura successiva, riguardante il valore del numero degli iscritti,

---

[12]Commissione Europea. "European Chips Act." https://commission.europa.eu/strategy-and-policy/priorities-2019-2024/europe-fit-digital-age/european-chips-act_en. (Accesso al 21 novembre 2023).

questo cambia notevolmente. Il continente con il maggior numero d'iscritti a tale ciclo è l'Asia. [13][14]

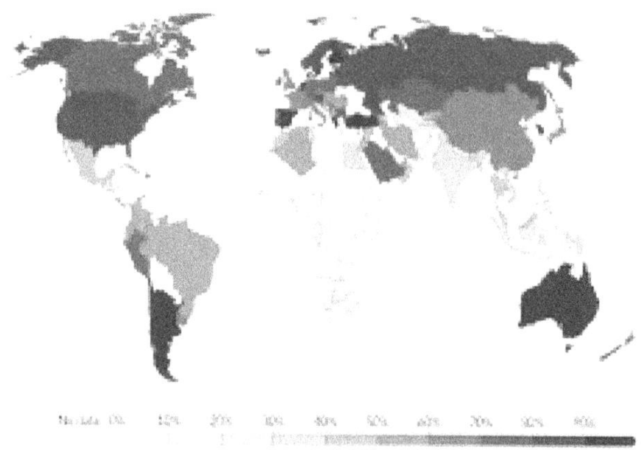

Figura 3 – Rapporto lordo di iscrizione all'istruzione terziaria, 2022

Questi numeri ovviamente fanno ben capire che, nonostante la qualità del sistema educativo, l'Europa dovrà ulteriormente competere con gli altri continenti al fine di avere talenti di successo e capaci di competere a livello internazionale.

---

[13]Numero di persone di qualsiasi fascia d'età iscritte all'istruzione terziaria, espresso in percentuale della popolazione totale della fascia d'età di cinque anni. dopo la fine della scuola secondaria. Fonti: Elaborazione propria su UIS Stat – Unesco, https://uis.unesco.org/
[14] Figura 4: Elaborazione propria su dati UIS Stat – Unesco, https://uis.unesco.org/

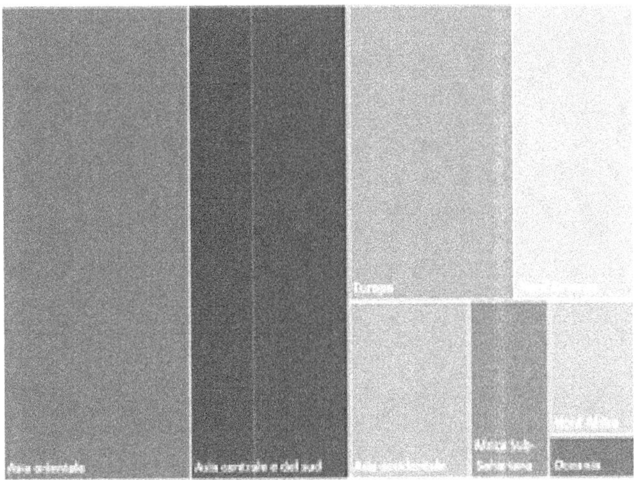

Figura 4 - Numero d'iscritti all'istruzione terziaria, tutti i programmi, entrambi i sessi

A tal proposito, si veda anche la spesa che le diverse regioni impiegano nella ricerca e sviluppo in funzione del PIL. In questo grafico si evince, invece, che l'America del nord investe molto di più rispetto alle altre regioni. L'Europa invece investe quasi la metà dell'America del nord.

VI. Spesa interna totale per R&S in un determinato anno divisa per il PIL

Secondo la BCE[15], più ricerca e sviluppo, dovrebbero portare ad un migliore risultato di sviluppo economico. Nelle raccomandazioni della Banca Centrale si legge che "le società possono incentivare l'innovazione investendo nelle loro risorse umane e conducendo attività di ricerca e sviluppo al proprio interno."

---

[15] Banca Centrale Europea. "In che modo l'innovazione favorisce la crescita?", 27 giugno 2017, https://www.ecb.europa.eu/ecb/educational/explainers/tell-me-more/html/growth.it.html (Accesso al 21 novembre 2023).

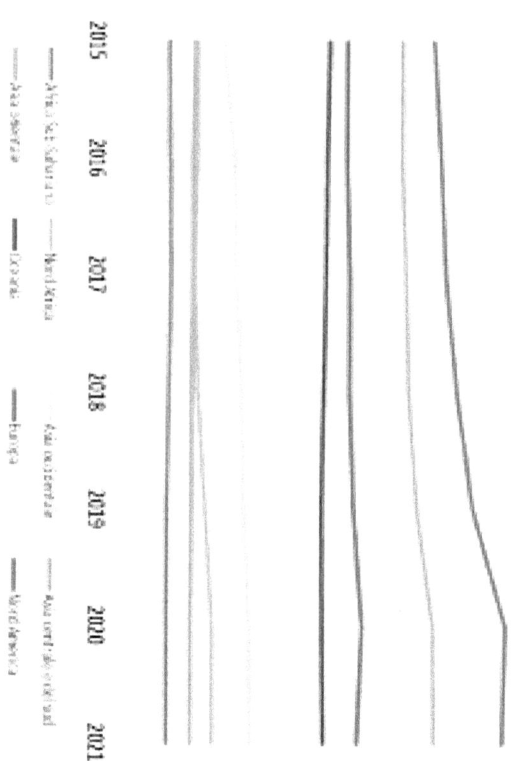

Figura 5 - Spesa interna totale per R&S in un determinato anno divisa per il PIL

In tal senso, questo permetterebbe di aumentare la capacità computazionale dei talenti e sbloccare nuove conquiste intellettuali e tecnologiche.

VII. Di fronte a questi dati quali prospettive?

Sulla base di queste variabili la competizione si rinnova senza cambiare la sua natura intrinseca: chi arriva primo avrà un vantaggio competitivo.

Nella corsa alla competizione globale, la differente combinazione dell'intensità delle due variabili calcolo computazionale (che include capitale umane e tecnologico) e l'Agilità operativa, permette di delineare gli scenari seguenti:

Agilità operativa \ Capacità computazionale	Alta	Bassa
Alta	Precursore stratega	Movimento tattico
Bassa	Profondità analitica	Ritardo competitivo

Figura 7: Elaborazione propria

Nello scenario del precursore stratega (Alta Agilità operativa e alta capacità computazionale) si rappresenta lo scenario ideale, dove non solo le decisioni sono ragionate rapidamente, ma ogni strategia è flessibile nell'adattarsi alla frammentazione globale e alle sfide logistiche nell'approvvigionamento di risorse strategiche. L'Europa, e gli stati membri, con questa combinazione potrebbero essere in grado di navigare agilmente attraverso le complessità globali, reagendo prontamente alle mutevoli condizioni e sfruttando le opportunità in modo efficiente.

In questo scenario, il sistema paese dovrà controllare le risorse fondamentali per assicurare il movimento di merci e passeggeri per avere le migliori disponibilità di beni, ma allo stesso tempo dovrà investire in capitale umano e tecnologico.

Nello scenario del movimento tattico (Alta Agilità operativa e bassa capacità computazionale) anche se c'è una capacità di movimento rapido, la limitata capacità computazionale potrebbe rendere difficile adattarsi alle sfide complesse della competizione globale. Tuttavia, la capacità di agire rapidamente, ma con una mancanza di profondità nell'analisi o nelle strategie, renderebbe difficile il mantenimento di un vantaggio competitivo a lungo termine. Sarebbe invece possibile in tale scenario di reagire al quadro strategico per restare nelle retrovie, assicurandosi un minimo strategico per il corretto funzionamento del sistema paese.

Nel Movimento tattico, il sistema paese non deve necessariamente investire in ricerca e sviluppo, ma dev'essere agile nel riuscire ad ottenere una quota di controllo necessario a supportare la crescita economica. Siccome, la natura di questo scenario non è altamente competitiva è possibile sfruttare le collaborazioni strategiche al fine di ottenere indirettamente accesso alle migliori condizioni di capacità computazionale. Tuttavia quest'ultima condizione presenta un ulteriore rischio.

Nello scenario della profondità analitica (Bassa Agilità operativa o e alta capacità computazionale) c'è un'abbondanza di capacità computazionale, ma la lentezza nel movimento potrebbe limitare la reattività agli eventi globali e alle opportunità emergenti. Questi paesi potrebbero avere una capacità analitica solida, ma potrebbero perdere l'impulso competitivo a causa della lentezza nel prendere decisioni e nell'adattarsi ai cambiamenti rapidi. Questo determinerebbe un complesso problema strategico, che dovrebbe essere orientato all'acquisizione di rapidità di movimento.

Se la tartaruga va piano, Platone insegna che comunque arriva a destinazione, e probabilmente prima della lepre. In questo scenario come per il Movimento Tattico il paese ha un freno derivante dalla scarsa agilità; tuttavia, la sua potenza di calcolo è una risorsa. L'ottenimento di brevetti, la capacità di anticipare scenari futuri e l'alto rendimento nella risoluzione di problemi complessi permetterebbero di competere, o di creare partnership strategiche con i paesi agili, ma con scarsa capacità di calcolo.

Nello scenario di ritardo competitivo (Bassa Agilità operativa e bassa capacità computazionale) c'è una sfida significativa nella competizione globale. La combinazione di movimento limitato e scarsa capacità di calcolo potrebbe portare a un'incapacità di reagire rapidamente ai cambiamenti e di formulare strategie efficaci. Questi paesi potrebbero trovarsi costantemente in ritardo rispetto ai concorrenti più agili e più capaci.

Questo scenario è sicuramente quello più difficile da gestire, dato da scarsità o cattiva gestione di capitale umano e tecnologico e di risorse strategiche rende il paese escluso dalla competizione. Le possibilità sono limitate e la sua posizione non gli permette di allearsi facilmente.

VIII.   Conclusioni: il controllo delle variabili necessarie al vantaggio competitivo

La competizione di oggi può essere strutturata e svolgersi su numerosi piani, da quello economico a quello militare, passando da quello informatico e informativo.

Le variabili che oggi disegnano il quadro competitivo si riconducono agli elementi di capacità di calcolo e l'agilità operativa. Sperando di anticipare la mossa del competitor. Tuttavia, come illustrato, alcune scelte possono avere impatti importanti sul futuro della competizione.

Di seguito alcune leve per navigare nel nuovo quadro competitivo.

Per migliorare il livello di agilità operativa

- Innovazione del trasporto:
    - Avviare programmi di ricerca per identificare tecnologie avanzate nel trasporto come veicoli autonomi, aerei a propulsione sostenibile o sistemi di trasporto ad alta velocità.
    - Collaborare con l'industria e il mondo istituzionale per implementare e testare queste tecnologie in situazioni reali, creando partenariati strategici che favoriscano l'adozione rapida e sicura di queste innovazioni.
    - Sviluppare infrastrutture intelligenti adatte a supportare nuove tecnologie, come stazioni di ricarica per veicoli elettrici, reti di comunicazione per il trasporto autonomo e tecnologie di gestione del traffico intelligenti.

- Consolidamento delle nuove vie commerciali in logica di nearshoring e reshoring:

    o Identificare nuove rotte commerciali emergenti, sia fisiche che digitali, derivanti da cambiamenti geopolitici, evoluzione dei modelli commerciali o innovazioni tecnologiche.

    o Sviluppare partnership e accordi commerciali che favoriscano lo sviluppo e la securizzazione delle nuove rotte commerciali, facilitando lo scambio di merci e servizi.

    o Investire in infrastrutture chiave e tecnologie innovative lungo le nuove vie commerciali, come porti moderni, reti di trasporto digitale ad alta velocità e sistemi di gestione delle supply chain avanzati.

Per migliorare il livello di calcolo computazionale

- Investimenti in competenze chiave e tecnologie avanzate:

    o Investire in programmi educativi innovativi che promuovano competenze chiave per il futuro del calcolo computazionale, come l'intelligenza artificiale, l'informatica quantistica e l'analisi dei dati.

    o Finanziare progetti di ricerca e sviluppo volti a sviluppare tecnologie informatiche e quantistiche all'avanguardia, promuovendo la creazione di nuovi strumenti e piattaforme che migliorino la capacità di calcolo e analisi.

    o Collaborare con aziende leader e istituti accademici per sviluppare programmi congiunti di ricerca, promuovendo l'innovazione e facilitando la transizione delle conoscenze dal laboratorio al mercato.

I cambiamenti geopolitici, le sfide ambientali e l'evoluzione tecnologica stanno ridefinendo il contesto competitivo a un ritmo accelerato.

L'Europa si distingue come potenza regolamentare e si posiziona come attore chiave nella gestione delle sfide ambientali, promuovendo politiche come il Patto verde. Tuttavia, la competizione richiede un equilibrio delicato tra regolamentazione e stimolo all'iniziativa economica.

La corsa alle risorse rare e la gestione delle catene di approvvigionamento sono diventate cruciali, mettendo a dura prova la stabilità economica e la capacità di adattamento delle imprese. Strategie come reshoring e nearshoring emergono come risposte a questa sfida, mentre la competizione per il dominio tecnologico e il calcolo computazionale diventano sempre più determinanti.

Il futuro competitivo dell'Europa dipende dalla sua capacità di bilanciare regolamentazione, sostenibilità e innovazione tecnologica. L'investimento nel capitale umano e tecnologico, insieme a una regolamentazione equilibrata, sarà fondamentale per mantenere un ruolo centrale nella competizione globale.

In questo scenario mutevole, la capacità di adattamento e di risposta rapida alle sfide emergenti sarà un vantaggio competitivo fondamentale per gli attori globali. La combinazione di fattori come Agilità operativa e capacità computazionale determinerà le posizioni dominanti nel panorama competitivo futuro.

Bibliografia

Banca Centrale Europea. "In che modo l'innovazione favorisce la crescita?", 27 giugno 2017, https://www.ecb.europa.eu/ecb/educational/explainers/tell-me-more/html/growth.it.html (Accesso al 21 novembre 2023).

Banca d'Italia. "Indagine sui trasporti internazionali di merci.", 8 giugno 2023, https://www.bancaditalia.it/pubblicazioni/indagine-trasporti-internazionali/index.html?dotcache=refresh (Accesso al 21 novembre 2023).

Commissione Europea. "European Chips Act." https://commission.europa.eu/strategy-and-policy/priorities-2019-2024/europe-fit-digital-age/european-chips-act_en (Accesso al 21 novembre 2023).

European Raw Materials Alliance (ERMA). https://erma.eu/ (Accesso al 21 novembre 2023).

Peace Research Institute Oslo (PRIO). https://www.prio.org/news/3058 (Accesso al 21 novembre 2023).

UIS Stat – Unesco, https://uis.unesco.org/

ISPI. "La partita dei supercomputer." https://www.ispionline.it/it/pubblicazione/la-partita-dei-supercomputer-36782. 24 novembre 2022.

ISPI. "Reshoring, l'ora della finanza." 18 novembre 2022. https://www.ispionline.it/it/pubblicazione/reshoring-lora-della-finanza-36731 (Accesso al 21 novembre 2023).

Ministero dell'Ambiente e della Sicurezza Energetica. "Prezzi medi annuali dei carburanti." DGSaie. https://dgsaie.mise.gov.it/prezzi-annuali-carburanti?pid=2 (Accesso al 21 novembre 2023).

NASA. "2018 Strategic Plan." https://www.nasa.gov/wp-content/uploads/2021/01/nasa_2018_strategic_plan.pdf

Uppsala Universitet. UCPD - Department of Peace and Conflict Research. https://www.pcr.uu.se/?languageId=1 (Accesso al 21 novembre 2023).

***Luca Osvaldo Uccello**, laureato in economia aziendale e management alla Bocconi e specializzato in economia, finanza e management a Parigi e Londra. Con oltre dieci anni di esperienza, ha lavorato con AXA in vari paesi e come consulente strategico finanziario con KPMG Francia. Ha ricevuto il Best Paper Award alla Conferenza Internazionale sullo Sviluppo Sostenibile 2022 per la ricerca sulla governance sostenibile delle catene del valore globali. Attualmente, guida i programmi del Patto Mondiale delle Nazioni Unite in Francia, dove supporta le grandi aziende quotate nell'apprendimento e miglioramento delle strategie di sostenibilità, coordinando gruppi di lavoro su temi chiave di sviluppo sostenibile, reporting extra-finanziario e finanza sostenibile.*

Russia e Asia Centrale

Interessi delle monarchie del Golfo in Asia Centrale

Giuliano Bifolchi – Research Manager presso SpecialEurasia

Il vertice di Gedda "GCC – Asia centrale" ha rappresentato una pietra miliare nei rapporti e nella collaborazione tra i paesi del Golfo e le repubbliche centrasiatiche in un contesto geopolitico internazionale caratterizzato dal multipolarismo e dal rinnovato interesse per la regione eurasiatica. In questo paper l'obiettivo è stato quello di evidenziare le linee guida principali della collaborazione tra le monarchie arabe del Golfo e l'Asia centrale prendendo come punto di riferimento proprio l'incontro di Gedda e tenendo conto delle diverse opinioni generate nel panorama dell'analisi geopolitica e della ricerca accademica dal crescente interesse dei membri del GCC nei confronti della regione centrasiatica. Obiettivo ulteriore di questa ricerca è stato quello di cercare di comprendere le prospettive future di collaborazione così come i possibili ostacoli esistenti nell'ambito delle relazioni tra gli stati del Golfo e l'Asia centrale.

Parole chiave: geopolitica, Asia centrale, GCC, investimenti, economia

I. Introduzione

La crescente importanza dell'Asia centrale nelle dinamiche geopolitiche del XXI secolo è innegabilmente legata al ruolo chiave che tale regione detiene nello scacchiere eurasiatico così come dagli interessi che attori globali e regionali hanno su tale area.

Dal punto di vista geopolitico, l'Asia centrale è parte fondamentale di quell'*Heartland* che Alford Mackinder designò come area strategica il cui controllo avrebbe permesso a una potenza di controllare il *World Island* (isola mondo) e di conseguenza l'intero mondo[1].

Guardando l'attuale situazione geopolitica della regione è possibile evidenziare la preminenza di due attori fondamentali: la Federazione Russa e la Repubblica Popolare Cinese. La Russia, attraverso l'Unione Economica Eurasiatica (EAEU) e l'Organizzazione del Trattato di Sicurezza Collettiva (CSTO), continua a esercitare un'influenza politica e militare considerevole in Asia centrale. Questi legami, radicati nella storia e nella geografia condivisa, sono fondamentali per la sicurezza e la stabilità regionali. Tale influenza, negli ultimi anni, è stata ribadita non solo dagli accordi bilaterali e dalle visite ufficiali, ma in special modo dal primo summit 'Russia – Asia centrale' organizzato nell'ottobre 2022 ad Astana in cui Mosca ha ribadito il ruolo centrale della cooperazione economica con le repubbliche centrasiatiche[2].

Sin dal 2013 la Cina ha sviluppato una crescente presenza nella regione attraverso investimenti massicci nei progetti infrastrutturali locali, in particolare nell'ambito della *Belt and Road Initiative*. A tal proposito è doveroso sottolineare il primo summit "Cina – Asia centrale' organizzato nel maggio 2023 nella città di Xi'an dove il presidente cinese Xi Jinping ha

---

[1] Massimo Roccati, «Halford John Mackinder e la teoria dell'Heartland», *I Castelli di Yale*, 2012, https://doi.org/10.15160/2282-5460/1976; Brian Blouet, *Global Geostrategy Mackinder and the Defence of the West* (New York, Oxford: Taylor and Francis, 2014).

[2] Giuliano Bifolchi, «"Central Asia-Russia" Summit Confirms Regional Cooperation», *Geopolitical Report ISSN 2785-2598* 24, fasc. 15 (14 ottobre 2022), https://www.specialeurasia.com/2022/10/14/central-asia-russia-summit/.

discusso con i leader delle repubbliche centrasiatiche un nuovo pacchetto di investimenti dal valore di 3,7 miliardi di dollari[3].

La situazione geopolitica si è resa ancora più complicata e interessante a seguito del conflitto in Ucraina, evento che ha trasformato l'Asia centrale in un crocevia di interessi e scontri anche per Unione Europea e Stati Uniti. Nel settembre 2023 il presidente statunitense Joe Biden ha ricevuto i rappresentanti delle repubbliche centrasiatiche in quello che è stato il primo summit "Stati Uniti – Asia centrale" che si è svolto a New York e che ha confermato l'interesse della Casa Bianca verso la regione come già espresso dal documento pubblicato dal Dipartimento di Stato statunitense nel febbraio dello stesso anno[4].

Non deve passare inosservato anche lo sforzo dell'Unione Europea e dei singoli membri di rafforzare il legame con le repubbliche centrasiatiche come dimostrato dal secondo forum "EU – Asia centrale" che si è svolto sempre nel mese di maggio 2023 ad Almaty, città del Kazakistan, in cui le parti si sono accordate di coordinare gli sforzi per poter creare un ambiente economico e imprenditoriale attrattivo al livello locale, favorire la transizione digitale e migliorare la connettività e il commercio[5].

La necessità di contrastare e bilanciare l'influenza cinese e russa così come quella di garantire stabilità nella regione, in parte a causa della sua vicinanza alle zone di crisi, ha spinto questi attori occidentali a intensificare gli sforzi di *soft power*. In questo contesto, l'Asia centrale è divenuta un'arena

---

[3] Viktorija Panfilova, «Strany Central'noj Azii Gruppirujutsja Vokrug Novogo Lidera», Nezavisimaja gazeta, 14 maggio 2023, http://www.ng.ru/cis/2023-05-14/5_8722_asia.html.

[4] «C5+1 Diplomatic Platform», United States Department of State, 23 febbraio 2023, https://www.state.gov/c51-diplomatic-platform/; Giuliano Bifolchi, «Geopolitical Meaning of United States + Central Asia Summit», *Geopolitical Report ISSN 2785-2598* 33, fasc. 9 (25 agosto 2023), https://www.specialeurasia.com/2023/08/25/united-states-central-asia/.

[5] «Second European Union – Central Asia Economic Forum was held in Almaty, Kazakhstan | EEAS», European Union Websites, 22 maggio 2023, https://www.eeas.europa.eu/delegations/kyrgyz-republic/second-european-union-%E2%80%93-central-asia-economic-forum-was-held-almaty-kazakhstan_en?s=301.

fondamentale di competizione in grado di coinvolgere diversi *player*[6].

A Cina, Russia, Stati Uniti e Unione Europea si aggiungono attori regionali, come Iran, Turchia, India e le monarchie del Golfo, i quali contribuiscono ulteriormente alla complessità del panorama geopolitico in Asia centrale.

L'Iran può sfruttare legami culturali nella regione, in special modo con il Tajikistan, e fornire un mercato utile per diversificare le esportazioni e il commercio delle repubbliche centrasiatiche così come uno sbocco al mare per le loro merci[7]. La Turchia, guidata da un interesse crescente verso la promozione e il rafforzamento dell'Organizzazione degli Stati Turcofoni, si inserisce attivamente nel contesto regionale promuovendo il panturchismo e cercando di dare vita a un blocco alternativo a quello russo e cinese[8]. Anche la presenza dell'India nella regione ha registrato una interessante dinamicità, in special modo negli ultimi anni che hanno visto l'Asia centrale sperimentare le conseguenze del ritiro delle forze armate statunitensi dall'Afghanistan e l'affermazione del cosiddetto multipolarismo.

Infine ci sono le monarchie del Golfo, attori che negli ultimi tempi si sono mostrati sempre più attivi in Asia centrale attraverso investimenti, promozione culturale e missioni umanitarie, azioni che non possono non essere considerate nell'analisi attuale delle dinamiche regionali centrasiatiche.

Tema centrale di questa ricerca, quindi, sarà quello di analizzare i rapporti e gli obiettivi dei Paesi del Golfo in Asia centrale per tracciarne le linee guida e comprendere i possibili sviluppi futuri così come gli ostacoli esistenti a una maggiore e/o

---

[6] Giuliano Bifolchi, «Asia centrale: dinamiche regionali e interessi internazionali», *Kosmos. Discover Global Affairs* 1 (2023): 261–86.

[7] Silvia Boltuc, «Iran's Interests and Strategy in Central Asia», *Geopolitical Report ISSN 2785-2589* 23, fasc. 1 (7 settembre 2022), https://www.specialeurasia.com/2022/09/07/iran-interests-central-asia/; Silvia Boltuc, «Central Asia-Iran Relations and Tehran's Regional Interests», *Persian Files ISSN 2975-0598* 17, fasc. 3 (31 ottobre 2023), https://www.specialeurasia.com/2023/10/31/central-asia-iran-geopolitics/.

[8] Giuliano Bifolchi, «Geopolitics of Turkey and Pan-Turkism in Central Asia», *Geopolitical Report ISSN 2785-2589* 7, fasc. 2 (5 maggio 2021), https://www.specialeurasia.com/2021/05/05/turkey-pan-turkism-central-asia/.

completa affermazione delle monarchie arabe del Golfo nella regione.

Dopo una panoramica della cooperazione tra i paesi del Golfo e le repubbliche centrasiatiche la cui enfasi è stata rivolta al vertice di Gedda organizzato nell'estate del 2023, questo paper cercherà di comprendere le possibili motivazioni e conseguenze di un maggiore impegno dei membri del GCC nella regione attraverso la disanima di analisi ed opinioni apparse su fonti aperte occidentali e non per poi giungere alla conclusione, ossia comprendere le opportunità e minacce di tale collaborazione.

II.   Cooperazione internazionale tra i paesi membri del Consiglio di Cooperazione del Golfo (GCC) e l'Asia centrale

Parlando di cooperazione internazionale tra le monarchie arabe del Golfo e le repubbliche centrasiatiche è d'obbligo porre l'accento sul primo summit "GCC – Asia centrale" che si è svolto nel luglio 2023 in Arabia Saudita e che è stato salutato dai partecipanti così come dalla stampa araba e centrasiatica come una 'pietra miliare' per la promozione della collaborazione tra le parti.

Nella città di Gedda, nei giorni 18 e 19 luglio 2023, il Regno dell'Arabia Saudita ha ospitato questo primo vertice con l'obiettivo di valutare i progetti delle monarchie arabe del Golfo in Asia Centrale, promuovere la collaborazione culturale e sottolineare il ruolo unificante del fattore religioso nei legami politici, economici e culturali tra i membri del GCC e le repubbliche centrasiatiche[9].

Tale vertice era stato preceduto nel 2022, sempre in Arabia Saudita anche se nella città di Riyadh, dalla prima riunione ministeriale "GCC – Asia centrale" che aveva coinvolto i ministri degli Esteri dei paesi del Golfo e delle repubbliche centrasiatiche i quali avevano concordato di intensificare la cooperazione in vari settori, compresi il ripristino delle catene di approvvigionamento interrotte dalla pandemia, il rafforzamento dei settori alimentare ed energetico, la sicurezza idrica, lo sviluppo del settore della *green energy*, l'elaborazione

---

[9] «General'nyj Sekretar' SSAGPZ: Sammit SSAGPZ-Central'naja Azija Svidetel'stvuet o Sotrudnichestve i Partnerstve», News Central Asia (nCa), 20 luglio 2023, https://www.newscentralasia.net/2023/07/20/generalnyy-sekretar-ssagpz-sammit-ssagpz-tsentralnaya-aziya-svidetelstvuyet-o-sotrudnichestve-i-partnerstve/.

di strategie per rispondere alle sfide ambientali e la creazione di meccanismi commerciali e di investimento[10].

Sia precedentemente che in seguito al vertice di Gedda sono stati diversi gli incontri avvenuti tra le singole monarchie del Golfo e le repubbliche centrasiatiche: ad esempio, nel novembre 2023 il presidente uzbeko Shavkat Mirziyoyev aveva ricevuto una delegazione saudita guidata dal ministro degli investimenti del regno, Khalid al-Falih. Le parti avevano quindi discusso l'espansione della cooperazione bilaterale in diversi settori e concordato la realizzazione di progetti nei settori chimico, energetico, farmaceutico, agricolo, informatico e dello sviluppo delle infrastrutture per un valore di 12 miliardi di dollari[11].

In precedenza, invece, era stato il Qatar a confermare il suo interesse verso l'Uzbekistan quando, il 29 settembre 2023, il ministro degli Investimenti, dell'Industria e del Commercio dell'Uzbekistan Laziz Kudratov aveva visitato ufficialmente Doha e incontrato i rappresentanti di alto rango della comunità imprenditoriale locale. Durante un meeting con il ministro degli Investimenti e dell'Industria qatariota, Muhammad al-Thani, nonché i rappresentanti di numerose aziende strategiche del Qatar (Hassad Food, Nebras Power, FITCO Detergent, Alazizya Chemical Factory, Qatar National Cement e Power International Holding), le parti avevano concordato di fornire il mutuo sostegno alle imprese di entrambi i paesi e valutato l'opportunità di espandere i partenariati nei settori del commercio e degli investimenti[12].

Non è passata inosservata neanche la visita di ottobre 2023 effettuata dal ministro degli Affari del Gabinetto degli Emirati Arabi Uniti, Mohammed Abdullah Al Gergawi, alla guida di una delegazione in Kazakistan. Durante la permanenza nel Paese centrasiatico la delegazione emiratina aveva incontrato i rappresentanti del governo kazako i quali aveva presentato i

---

[10] Chris Devonshire-Ellis, «Gulf and Central Asian Countries Hold First CA+GCC Heads Of State Summit», Middle East Briefing, 25 luglio 2023, https://www.middleeastbriefing.com/news/gulf-and-central-asian-countries-hold-first-cagcc-heads-of-state-summit/.
[11] «Uzbekistan i Saudovskaja Aravija podpisali novye soglashenija na $12 mlrd», Gazeta.uz, 27 novembre 2023, https://www.gazeta.uz/ru/2023/11/27/saudi-arabia/.
[12] «Krupnye kompanii Katara namereny osvoit' rynki Uzbekistana», Pravitel'stvennyj portal Respubliki Uzbekistan, 29 settembre 2023, https://gov.uz/ru/news/view/2962/.

traguardi ottenuti dal governo di Astana nel processo di digitalizzazione e modernizzazione delle infrastrutture[13]. Incontro tra le parti che aveva sottolineato ulteriormente l'interesse di Abu Dhabi per il Kazakistan e, in generale, per l'Asia centrale così come la volontà del governo kazako di presentare al meglio la realtà innovativa del proprio paese nei confronti di possibili investitori emiratini.

Sono diversi gli episodi e incontri che nell'ultimo anno sono avvenuti tra i membri del GCC, Arabia Saudita, Qatar ed Emirati Arabi Uniti in primis fra tutti, e le repubbliche centrasiatiche. Non è obiettivo di questa ricerca realizzare una cronologia in tal merito, ma è invece congeniale comprendere le linee guida della strategia delle monarchie arabe del Golfo. A tal proposito, è possibile evidenziare le seguenti caratteristiche[14]:

1. Investimento in progetti di sviluppo locale e in infrastrutture. In tale ottica è possibile sottolineare come, attraverso gli investimenti economici, le monarchie arabe del Golfo hanno cercato di affermare la loro presenza nel mercato centrasiatico e, quindi, di configurarsi come un attore geopolitico in grado di inserirsi nelle dinamiche dell'area. Ad esempio, il Kazakistan ha ricevuto sostegno finanziario significativo dal fondo di investimento sovrano dell'Arabia Saudita, mentre il Tagikistan ha beneficiato di un investimento di 100 milioni di dollari per la costruzione della più grande moschea nella regione. Al contempo Qatar ed Emirati Arabi Uniti hanno investito rispettivamente nel settore energetico e nei progetti infrastrutturali dell'Uzbekistan, come accennato precedentemente.

2. Creazione e rafforzamento del formato "GCC – Asia centrale". La creazione di questo formato rappresenta

---

[13] «Delegacija OAJe: Kazahstan – preuspevajushhaja strana v oblasti cifrovizacii v Central'noj Azii», Vecher.kz - Вечерний Алматы, 14 ottobre 2023, https://vecher.kz/delegatsiia-oae-kazakhstan-preuspevaiushchaia-strana-v-oblasti-tsifrovizatsii-v-tsentralnoi-azii-1697282619.

[14] Silvia Boltuc e Giuliano Bifolchi, «Geopolitics in Action: The "Central Asia + GCC" Summit», *Geopolitical Report ISSN 2785-2598* 32, fasc. 8 (18 luglio 2023), https://www.specialeurasia.com/2023/07/18/central-asia-gcc-geopolitics/.

una piattaforma geopolitica che offre ai paesi del Golfo la possibilità di creare o prendere parte a grandi progetti di sviluppo nella regione e quindi di affermarsi a livello locale. Anche se dal punto di vista storico i membri del GCC hanno spesso perseguito obiettivi individuali e promosso relazioni bilaterali con le singole repubbliche centrasiatiche, la creazione del formato "GCC – Asia centrale" rappresenta un tentativo di adottare un approccio unificato.

3. L'elemento religioso come punto di connessione tra Asia centrale e monarchie del Golfo. La distanza geografica, in teoria, non permetterebbe ai membri del GCC di avanzare pretese o elaborare strategie inclusive nella regione centrasiatica. In questo contesto, l'Islam è divenuto un elemento di contatto e una chiave di inserimento dei paesi del Golfo in Asia centrale grazie ai finanziamenti profusi per la costruzione di moschee e *mudarris* (plurale di *madrasa*, scuola giuridica). Inoltre, le monarchie del Golfo hanno facilitato gli scambi culturali attraverso programmi di scambio di studenti, visite di delegazioni culturali e festival. Queste iniziative hanno promosso la comprensione reciproca e hanno contribuito a rafforzare i legami culturali tra le monarchie del Golfo e l'Asia centrale.

In termini commerciali, il valore degli scambi tra i paesi del GCC e quelli dell'Asia centrale è stato pari a 3,1 miliardi di dollari nel 2021, circa lo 0,27% del valore totale degli scambi di merci dei paesi del Golfo. Il valore delle esportazioni del GCC verso l'Asia centrale ammontava a 2,06 miliardi di dollari nel 2021, mentre le importazioni ammontavano a 1,04 miliardi di dollari. I principali beni importati dall'Asia centrale erano rame, oro e altri metalli preziosi, nonché ferro e acciaio.

L'esperienza ha dimostrato che gli uomini d'affari arabi preferiscono investire in paesi che hanno un buon ambiente per gli investimenti, mentre secondo le classifiche internazionali, i paesi dell'Asia centrale sono ancora in ritardo rispetto alla maggior parte delle altre regioni in termini di attrattiva per gli investimenti esteri. Tuttavia, i paesi arabi hanno una politica di sguardo ad est e intendono anche espandere le loro relazioni economiche e commerciali, nonché il loro accesso alle risorse minerarie delle repubbliche centrasiatiche.

III. Analisi delle relazioni GCC – Asia centrale

Il vertice di Gedda ha portato all'attenzione la diplomazia delle monarchie del Golfo in Asia centrale ponendo alcune domande sulle conseguenze sia a livello regionale che internazionale di un maggior coinvolgimento dei membri del GCC nella regione così come sulle reali motivazioni che hanno spinto le monarchie arabe ad aumentare il loro supporto finanziario, umanitario e culturale alle repubbliche centrasiatiche.

Il crescente interesse dei paesi del GCC per l'Asia centrale è stato interpretato come in parte un tentativo di contenere i loro rivali regionali, Iran e Turchia. L'Iran condivide metà dei suoi confini con gli stati dell'Asia centrale ed è un hub geografico naturale che collega la regione all'Oceano Indiano e al Golfo. Ad esempio, Iran e Tagikistan si sono impegnati in una diplomazia di alto livello sia dopo il ritiro degli Stati Uniti dall'Afghanistan nel 2021 che dopo l'inizio del conflitto in Ucraina nel 2022: tale azione ha portato a una significativa espansione della cooperazione bilaterale militare e di difesa. La Turchia, come evidenziato in precedenza, sta tentando di sviluppare opportunità economiche e strategiche in Asia centrale sfruttando la comune identità turca e la vicinanza geografica della regione (in particolare come punto di partenza della crescente rotta commerciale transcaspica). In risposta a tale 'minaccia' geopolitica i paesi del Golfo hanno quindi aumentato gli investimenti e il loro interesse nelle repubbliche centrasiatiche, in special modo nel settore dell'energia[15].

È doveroso anche sottolineare come non solo le monarchie arabe del Golfo abbiano accresciuto la loro attività nei confronti delle repubbliche centrasiatiche, ma viceversa anche gli stessi paesi dell'Asia centrale hanno aumentato le loro prospettive di collaborazione nei confronti dei membri del GCC. Alla base di questo mutuo coinvolgimento potrebbe esserci il cambiamento della situazione geopolitica a livello globale e regionale: se in passato l'Asia centrale sembrava territorio di esclusiva influenza russa e cinese, a causa del conflitto ucraino e del confronto in Asia-Pacifico tra Pechino e Washington, si sono

---

[15] Asna Wajid, «The diplomatic surge between the GCC and Central Asian states», International Institute for Strategic Studies (IISS), 13 novembre 2023, https://www.iiss.org/online-analysis/online-analysis/2023/11/the-diplomatic-surge-between-the-gcc-and-central-asian-states/.

creati delle interessanti opportunità che attori regionali e internazionali hanno cercato di sviluppare[16].

L'aggravarsi del conflitto tra Russia e Occidente e l'ascesa dei talebani al potere in Afghanistan, secondo quanto evidenziato dall'analisi di Parviz Mullodzhanov, hanno costretto molti dei principali attori a prestare maggiore attenzione all'Asia centrale. Da qui la popolarità degli incontri nel formato C5+ (Asia centrale plus), con Stati Uniti, Cina, Unione Europea, India e infine i paesi del Golfo[17].

In effetti, considerando che l'economia russa in difficoltà ha avuto effetti di ricaduta in tutta la regione, in special modo in paesi come il Kirghizistan, il Tagikistan e l'Uzbekistan, i quali sono stati duramente colpiti dalla diminuzione delle rimesse provenienti dalla Federazione Russa e dall'effetto a catena delle sanzioni internazionali contro Mosca, le opportunità per investitori stranieri sono in aumento.

In questo momento delicato del sistema geopolitico internazionale i membri del GCC potrebbero, quindi, 'venire in aiuto' all'Asia centrale attraverso investimenti e cooperazione politica. In tale ottica, secondo Luke Coffey dell'Hudson Institute, in primo luogo, il GCC dovrebbe nominare un inviato speciale per l'Asia centrale il quale potrebbe fungere da interlocutore primario per gli Stati del Golfo nella regione e dedicare il tempo e l'energia necessari per sviluppare relazioni personali in tutta l'Asia centrale. In secondo luogo, i politici del Golfo dovrebbero evitare di considerare le cinque repubbliche dell'Asia centrale come un unico blocco, perché sebbene le repubbliche centrasiatiche condividano alcuni aspetti di una storia comune, ciascuna conserva la propria identità, cultura e visione globale distinte. In terzo luogo, i paesi del Golfo dovrebbero dare priorità all'interconnettività tra le due regioni. Esiste già un progetto ambizioso, il corridoio del Canale Secco, che intende creare un collegamento tra la costa meridionale del Golfo e i porti turchi entro il 2038 e che potrebbe essere esteso

---

[16] Mohsen Shahrafiee, trad., «GCC-Central Asia Developing Relations: Opportunities and Challenges», Institute for East Strategic Studies (Institute for East Strategic Studies, 1 novembre 2023), https://www.iess.ir/en/interview/3559/.

[17] Parviz Mullodzhanov, «Mir za nedelju: Chto hotjat strany Persidskogo Zaliva ot Central'noj Azii? | Novosti Tadzhikistana ASIA-Plus», AsiaPlus, consultato 17 dicembre 2023, https://asiaplustj.info/ru/news/world/20230725/mir-za-nedelyu-chto-hotyat-strani-persidskogo-zaliva-ot-tsentralnoi-azii.

per connettersi anche ai mercati dell'Asia centrale utilizzando il corridoio centrale e aggirando Iran e Russia[18].

Secondo Sanat Kushumbayev, vicedirettore dell'Istituto per gli Studi Strategici del Kazakistan (KazISS), in passato il centro di gravità geopolitico era principalmente nell'Unione Europea e nel Nord America, ma ora l'Asia, insieme al Medio Oriente, all'Asia meridionale, all'Asia centrale, al Caucaso e alla Turchia, racchiude un potenziale immenso. Si sono verificati cambiamenti tettonici di cui il Kazakistan, e in generale l'Asia centrale, potrebbero essere il centro focale. La possibilità di collaborazione tra le repubbliche centrasiatiche e le monarchie arabe del Golfo è data dalla complementarità delle due regioni le quali, rispettivamente, hanno in totale 75 milioni e 70 milioni di abitanti. Il formato del modello di cooperazione che si è andato a creare, quindi, deve la sua originalità al fatto che da un lato non limita la sovranità di ciascun paese, dall'altro lato, invece, grazie alla sua flessibilità, permette a paesi membri di istituzionalizzare, decidere e fissare obiettivi strategici a lungo termine all'interno dell'istituzione[19].

In ottica indiana, i paesi del Golfo possono essere potenziali partner economici dell'Asia centrale e il GCC potrebbe facilitare la connettività della regione con il mondo esterno. Un partenariato economico rafforzato tra repubbliche centrasiatiche e i paesi del Golfo potrebbe essere utile per bilanciare l'influenza cinese e fornire una opportunità all'India di rafforzare i suoi legami con la regione centrasiatica. Infatti, considerando che i paesi membri del GCC sono tra i maggiori partner commerciali di Nuova Delhi, l'India potrebbe promuovere le sue iniziative di connettività, come lo sfruttamento del porto di Chabahar in Iran e il Corridoio di Trasporto Internazionale Nord-Sud (INSTC). In aggiunta, Nuova Delhi potrebbe anche esplorare le opportunità

---

[18] Luke Coffey, «Now Is the Time for Gulf Nations to Enhance Ties with Central Asia», Arab News, 21 luglio 2023, https://arab.news/442xd.
[19] Aibarshyn Akhmektali, «GCC – Central Asian Summit Sets Unprecedented Regional Cooperation Model, Says KazISS Expert», The Astana Times, 21 luglio 2023, https://astanatimes.com/2023/07/gcc-central-asian-summit-sets-unprecedented-regional-cooperation-model-says-kaziss-expert/.

commerciali e di investimento dell'Asia centrale con i suoi partner del Golfo[20].

Il clima di positività che si è creato a seguito del vertice di Gedda non ha evitato, però, l'emergere di alcuni dubbi sul reale incremento degli investimenti e dell'interazione tra i paesi del Golfo e le repubbliche centrasiatiche: infatti, esistono anche una serie di ostacoli e limitazioni rappresentate in primis dalla tendenza degli investitori arabi di cercare di investire in progetti già consolidati e di successo o in quelle iniziative imprenditoriali che garantiscano un ritorno dei fondi relativamente rapido. In tal senso, l'Asia centrale rappresenta maggiormente una incognita considerando che gli stati dello spazio post-sovietico nelle valutazioni internazionali di attrattiva degli investimenti sono ancora in ritardo rispetto alla maggior parte delle altre regioni. In aggiunta, come evidenziato anche in precedenza, i progetti infrastrutturali e di trasporto su larga scala richiedono investimenti altrettanto ingenti che, di norma, non ripagano l'investitore in tempi brevi, fattore che potrebbe ulteriormente scoraggiare gli uomini d'affari del GCC[21].

In questa ottica Stanislav Pritchin, ricercatore presso il Centro per gli studi post-sovietici dell'IMEMO RAS, ha evidenziato come il pacchetto di investimenti arabi presente nei paesi della regione, se confrontato con il volume degli investimenti nell'Asia centrale provenienti da Cina o Russia, permetta di rivelare una mancata competitività dei paesi del Golfo. In tal senso, suggerisce il ricercatore russo, il compito principale del formato "GCC – Asia centrale" potrebbe essere quello di creare un meccanismo unificato che rafforzi la presenza regionale dei paesi del Golfo grazie all'elemento religioso il quale potrà agire come unificatore, ma al contempo non sottostimi la distanza geografica che si va a qualificare come uno dei principali ostacoli[22].

---

[20] Pravesh Kumar Gupta, «Can Gulf Countries Be Reliable Partners to Central Asia?», Financialexpress, 5 agosto 2023, https://www.financialexpress.com/world-news/can-gulf-countries-be-reliable-partners-to-central-asia/3200857/.
[21] Mullodzhanov, «Mir za nedelju: Chto hotjat strany Persidskogo Zaliva ot Central'noj Azii? | Novosti Tadzhikistana ASIA-Plus».
[22] Viktorija Panfilova, «Strany Persidskogo zaliva usilivajut prisutstvie v Central'noj Azii», Nesavisimaya Gazeta, 17 luglio 2023, http://www.ng.ru/cis/2023-07-17/5_8775_asia.html.

È interessante vedere come i media in lingua russa e della Federazione Russa abbiano seguito il vertice di Gedda del luglio 2023 con attenzione attraverso una serie di contributi che hanno indicato le problematiche inerenti alla cooperazione tra i membri del GCC e i paesi dell'Asia centrale.

In questa ottica, ad esempio, è possibile citare l'analisi svolta da Alexander Knyazev, dottore in scienze storiche e ricercatore presso l'Istituto di Studi Internazionali dell'università MGIMO di Mosca, il quale ha definito l'incontro in Arabia Saudita come un evento "piuttosto controverso". Seppur riconosce lo spirito di iniziativa e il potenziale di investimento delle monarchie arabe del Golfo, Knyazev nella sua disamina ha mostrato come la vera influenza dei membri del GCC nella storia recente della regione centrasiatica non è sempre stata chiara e si sia concentrata maggiormente nella sfera religiosa attraverso la costruzione di moschee, scuole religiose, la formazione del clero e l'introduzione nella sfera religiosa di interpretazioni dell'Islam estranee alle tradizioni religiose locali, e talvolta piuttosto radicali, come il Salafismo e il Wahhabismo. Da questa analisi ne emerge, quindi, un ruolo ridimensionato degli Stati del Golfo, perché, secondo Knyazev, il vettore arabo non sarà in grado di avere un impatto significativo sulle relazioni dei paesi della regione con la Russia o la Cina considerando che nel loro complesso i membri del GCC non possono essere paragonati né a Mosca né a Pechino. Di conseguenza, quindi, l'influenza araba, se dovesse crescere, potrebbe bilanciare solo leggermente l'influenza turca[23].

IV. Conclusioni

Nel contesto geopolitico attuale della regione centrasiatica, e in generale dello scacchiere strategico eurasiatico, l'ingresso delle monarchie arabe del Golfo rappresenta un evento significativo che deve essere monitorato e analizzato per capire in che modo i membri del GCC possano realmente condizionare le dinamiche locali e ostacolare attori regionali maggiormente radicati come la Federazione Russa e la Repubblica Popolare Cinese.

---

[23] Viktorija Panfilova, «Monarhii Persidskogo zaliva vstraivajutsja v Central'nuju Aziju», Nesavisimaya Gazeta, 9 luglio 2023, http://www.ng.ru/cis/2023-07-19/1_8777_asia.html.

Indubbiamente le repubbliche centrasiatiche hanno bisogno di investimenti stranieri per supportare il loro sviluppo socioeconomico e infrastrutturale, obiettivi che non sono stati ancora raggiunti anche se si considerano gli ingenti fondi cinesi profusi a livello locale per sostenere la *Belt and Road Initiative*. Oltre allo sviluppo economico i paesi dell'Asia centrale sono intenti da anni, e in special modo a seguito dell'inizio del conflitto in Ucraina, nel processo di diversificazione dei propri partner economici e commerciali con l'obiettivo finale di ridurre la pressione politica e finanziaria di Mosca e Pechino e allargare la collaborazione ad altri attori. Perseguendo tale fine, quindi, le monarchie arabe del Golfo potrebbero fornire un'alternativa valida alle repubbliche centrasiatiche e, nel contempo, influire nello scacchiere geopolitico centrasiatico che vede come giocatori attivi oltre alla Russia e alla Cina anche gli Stati Uniti, l'Iran, la Turchia, l'India e l'Unione Europea.

Il tanto entusiasmo espresso dai media locali centrasiatici così come da quelli arabi sulla cooperazione e sul vertice di Gedda non deve però generare un clima estremamente positivo, perché esistono alcuni ostacoli per la collaborazione tra GCC e Asia centrale rappresentanti in primis dal limite geografico. Nella geopolitica è innegabile che gli aspetti geografici siano fondamentali per analizzare le dinamiche di un paese o di una regione e quindi, anche in questo contesto, è doveroso sottolineare come esiste una lontananza geografica tra Asia centrale e il Golfo che dovrebbe essere colmata con progetti infrastrutturali e vie di collegamento le quali necessitano di ulteriori investimenti e anche di una situazione di sicurezza e tranquillità nella regione.

Il mancato sbocco al mare delle repubbliche centrasiatiche è un limite evidente che i governi locali stanno cercando di ovviare guardando al vicino Iran, all'India o al Pakistan, tre paesi che però sono inseriti in un gioco geopolitico ancor più grande che prevede una serie di condizioni fondamentali che possano favorire e realizzare una serie di corridoi di trasporto.

Per Teheran il limite maggiore è imposto dalle sanzioni occidentali e quindi una maggiore collaborazione tra la Repubblica Islamica dell'Iran e le repubbliche centrasiatiche potrebbe essere accolto negativamente da Europa e Stati Uniti e ostacolata attraverso l'estensione delle sanzioni anche alle compagnie centrasiatiche.

Per India e Pakistan, invece, il principale ostacolo è rappresentato dall'Afghanistan, paese che dal ritiro delle forze statunitensi nell'agosto del 2021 e dall'affermazione dei talebani alla guida del governo di Kabul non ha ancora risolto i problemi di sicurezza interna e, invece, ha visto emergere minacce rappresentate da gruppi jihadisti come lo Stato Islamico della Provincia del Khorasan (ISKP). A questo si aggiunge ovviamente le tensioni geopolitiche esistenti tra Islamabad e Nuova Delhi incrementate dalla collaborazione sino-pakistana in ottica della *Belt and Road Initiative*.

Se lo sbocco al mare, quindi, necessita di condizioni ottimali sia di sicurezza che di collaborazione regionale, ulteriori dubbi emergono sul crescente impegno delle monarchie del Golfo nel settore religioso e culturale dell'Asia centrale. In effetti, come sottolineato da Knyazev, alcuni membri del GCC come Arabia Saudita o Qatar potrebbero favorire la diffusione dell'Islam politico e di ideologia islamiche come il Salafismo e il Wahhabismo che sono alla base del processo di radicalizzazione e di estremismo. Di conseguenza, quindi, si potrebbe andare a creare nel lungo periodo una spaccatura a livello sociale tra le nuove generazioni educate nelle *mudarris* finanziate dai paesi del Golfo, e quindi maggiormente propense all'ortodossia, e le vecchie generazioni legate all'Islam locale e tradizionale. Tale situazione, a cui si potrebbe aggiungere un problema di sicurezza regionale rappresentato dal vicino Afghanistan così come da possibili problemi interni delle repubbliche centrasiatiche causati dal mancato sviluppo economico sperato così come a livello regionale dai dissidi dovuti della gestione delle risorse idriche, potrebbe portare a quel vuoto di potere o a quel clima di incertezza che favorirebbe maggiormente la diffusione dell'ideologia jihadista e, di conseguenza, di gruppi terroristici.

Guardando a questi possibili scenari futuri, quindi, è doveroso monitorare i rapporti tra Asia centrale e GCC non solo per capire in che modo i paesi del Golfo possano inserirsi nel gioco geopolitico regionale, ma anche per valutare continuamente il possibile livello del rischio geopolitico dell'area. Se da un lato le monarchie arabe rappresentano un'opportunità che le repubbliche centrasiatiche devono saper cogliere per diversificare la loro economia e commerci e sostenere il loro sviluppo, dall'altro il fatto di essere legati forzatamente a Russia e Cina e la necessità di proteggere l'attuale contesto culturale e religioso deve essere l'elemento guida dei governi dell'Asia centrale per evitare di divenire troppo dipendenti dal supporto del GCC e di sperimentare un forte cambiamento sociale interno a causa della diffusione di un Islam non autoctono.

Bibliografia

Akhmektali, Aibarshyn. «GCC – Central Asian Summit Sets Unprecedented Regional Cooperation Model, Says KazISS Expert». The Astana Times, 21 luglio 2023. https://astanatimes.com/2023/07/gcc-central-asian-summit-sets-unprecedented-regional-cooperation-model-says-kaziss-expert/.

Bifolchi, Giuliano. «Asia centrale: dinamiche regionali e interessi internazionali». *Kosmos. Discover Global Affairs* 1 (2023): 261–86.

———. «"Central Asia-Russia" Summit Confirms Regional Cooperation». *Geopolitical Report ISSN 2785-2598* 24, fasc. 15 (14 ottobre 2022). https://www.specialeurasia.com/2022/10/14/central-asia-russia-summit/.

———. «Geopolitical Meaning of United States + Central Asia Summit». *Geopolitical Report ISSN 2785-2598* 33, fasc. 9 (25 agosto 2023). https://www.specialeurasia.com/2023/08/25/united-states-central-asia/.

———. «Geopolitics of Turkey and Pan-Turkism in Central Asia». *Geopolitical Report ISSN 2785-2589* 7, fasc. 2 (5 maggio 2021). https://www.specialeurasia.com/2021/05/05/turkey-pan-turkism-central-asia/.

Blouet, Brian. *Global Geostrategy Mackinder and the Defence of the West.* New York, Oxford: Taylor and Francis, 2014.

Boltuc, Silvia. «Central Asia-Iran Relations and Tehran's Regional Interests». *Persian Files ISSN 2975-0598* 17, fasc. 3 (31 ottobre 2023). https://www.specialeurasia.com/2023/10/31/central-asia-iran-geopolitics/.

———. «Iran's Interests and Strategy in Central Asia». *Geopolitical Report ISSN 2785-2589* 23, fasc. 1 (7 settembre 2022). https://www.specialeurasia.com/2022/09/07/iran-interests-central-asia/.

Boltuc, Silvia, e Giuliano Bifolchi. «Geopolitics in Action: The "Central Asia + GCC" Summit». *Geopolitical Report ISSN 2785-2598* 32, fasc. 8 (18 luglio 2023).

https://www.specialeurasia.com/2023/07/18/central-asia-gcc-geopolitics/.

Coffey, Luke. «Now Is the Time for Gulf Nations to Enhance Ties with Central Asia». Arab News, 21 luglio 2023. https://arab.news/442xd.

Devonshire-Ellis, Chris. «Gulf and Central Asian Countries Hold First CA+GCC Heads Of State Summit». Middle East Briefing, 25 luglio 2023. https://www.middleeastbriefing.com/news/gulf-and-central-asian-countries-hold-first-cagcc-heads-of-state-summit/.

European Union Websites. «Second European Union – Central Asia Economic Forum was held in Almaty, Kazakhstan | EEAS», 22 maggio 2023. https://www.eeas.europa.eu/delegations/kyrgyz-republic/second-european-union-%E2%80%93-central-asia-economic-forum-was-held-almaty-kazakhstan_en?s=301.

Gazeta.uz. «Uzbekistan i Saudovskaja Aravija podpisali novye soglashenija na $12 mlrd», 27 novembre 2023. https://www.gazeta.uz/ru/2023/11/27/saudi-arabia/.

Gupta, Pravesh Kumar. «Can Gulf Countries Be Reliable Partners to Central Asia?» Financialexpress, 5 agosto 2023. https://www.financialexpress.com/world-news/can-gulf-countries-be-reliable-partners-to-central-asia/3200857/.

Mullodzhanov, Parviz. «Mir za nedelju: Chto hotjat strany Persidskogo Zaliva ot Central'noj Azii? | Novosti Tadzhikistana ASIA-Plus». AsiaPlus. Consultato 17 dicembre 2023. https://asiaplustj.info/ru/news/world/20230725/mir-za-nedelyu-chto-hotyat-strani-persidskogo-zaliva-ot-tsentralnoi-azii.

News Central Asia (nCa). «General'nyj Sekretar' SSAGPZ: Sammit SSAGPZ-Central'naja Azija Svidetel'stvuet o Sotrudnichestve i Partnerstve», 20 luglio 2023. https://www.newscentralasia.net/2023/07/20/generalnyy-sekretar-ssagpz-sammit-ssagpz-tsentralnaya-aziya-svidetelstvuyet-o-sotrudnichestve-i-partnerstve/.

Panfilova, Viktorija. «Monarhii Persidskogo zaliva vstraivajutsja v Central'nuju Aziju». Nesavisimaya Gazeta, 9 luglio 2023. http://www.ng.ru/cis/2023-07-19/1_8777_asia.html.

———. «Strany Central'noj Azii Gruppirujutsja Vokrug Novogo Lidera». Nezavisimaja gazeta, 14 maggio 2023. http://www.ng.ru/cis/2023-05-14/5_8722_asia.html.

———. «Strany Persidskogo zaliva usilivajut prisutstvie v Central'noj Azii». Nesavisimaya Gazeta, 17 luglio 2023. http://www.ng.ru/cis/2023-07-17/5_8775_asia.html.

Pravitel'stvennyj portal Respubliki Uzbekistan. «Krupnye kompanii Katara namereny osvoit' rynki Uzbekistana», 29 settembre 2023. https://gov.uz/ru/news/view/2962/.

Roccati, Massimo. «Halford John Mackinder e la teoria dell'Heartland». *I Castelli di Yale*, 2012. https://doi.org/10.15160/2282-5460/1976.

Shahrafiee, Mohsen, trad. da. «GCC-Central Asia Developing Relations: Opportunities and Challenges». Institute for East Strategic Studies. Institute for East Strategic Studies, 1 novembre 2023. https://www.iess.ir/en/interview/3559/.

United States Department of State. «C5+1 Diplomatic Platform», 23 febbraio 2023. https://www.state.gov/c51-diplomatic-platform/.

Vecher.kz - Вечерний Алматы. «Delegacija OAJe: Kazahstan – preuspevajushhaja strana v oblasti cifrovizacii v Central'noj Azii», 14 ottobre 2023. https://vecher.kz/delegatsiia-oae-kazakhstan-preuspevaiushchaia-strana-v-oblasti-tsifrovizatsii-v-tsentralnoi-azii-1697282619.

Wajid, Asna. «The diplomatic surge between the GCC and Central Asian states». International Institute for Strategic Studies (IISS), 13 novembre 2023. https://www.iiss.org/online-analysis/online-analysis/2023/11/the-diplomatic-surge-between-the-gcc-and-central-asian-states/.

Giuliano Bifolchi ricopre il ruolo di Research Manager presso SpecialEurasia e di professore in Webint & Osint presso l'European Forensic Institute di Malta. Autore di report specialistici inerenti al mondo arabo-musulmano e allo spazio post-sovietico, possiede un dottorato di ricerca in Storia dei Paesi Islamici e un master in Peacebuilding Management e Relazioni Internazionali. Già fondatore e direttore di ASRIE Analytica, è anche autore dei libri Geopolitica del Caucaso russo (Sandro Teti Editore), Storia del Caucaso del Nord tra presenza russa, Islam e terrorismo (Anteo Edizioni) e coautore del libro Conflitto in Ucraina: rischio geopolitico, propaganda jihadista e minaccia per l'Europa (Enigma Edizioni).

Medio Oriente

Il Caso Osman Kavala: Una voce imprigionata per la difesa dei diritti umani, dello stato di diritto e della democrazia

Marco Rizzi – Senior Researcher per Mondo Internazionale

Il seguente articolo esamina il caso di Osman Kavala, attivista turco e imprenditore culturale condannato in Turchia in relazione alle proteste Gezi Park del 2013. La Corte Europea dei Diritti Umani di Strasburgo ha emesso una storica decisione a suo favore, sostenendo che la sua detenzione è stata politicamente motivata. Nonostante questa decisione, Kavala rimane in prigione, sollevando gravi preoccupazioni sulla situazione dei diritti umani in Turchia. La recente decisione dell'Assemblea Parlamentare del Consiglio d'Europa di conferire a Kavala il Premio Václav Havel per i diritti umani ha portato ulteriore attenzione sul caso. La mia analisi esplora le radici e le implicazioni di questa situazione e le conseguenze per la difesa dei diritti umani, lo Stato di diritto e la democrazia in Turchia ed Europa. Il caso Kavala rappresenta una sfida cruciale per la comunità internazionale nel perseguire l'obiettivo di promuovere e proteggere i diritti umani in un clima politico sempre più ostile.

Parole chiave: Osman Kavala, Turchia, Corte Europea dei Diritti Umani, Stato di diritto, Consiglio d'Europa

I. Introduzione

La sentenza emanata a Istanbul la sera del 25 aprile 2022 contro Osman Kavala, attivista e filantropo della società civile turca segna una nuova fase critica nel declino verso l'autoritarismo della Turchia, iniziato nel 2013. Tale decisione ha condannato Kavala, detenuto ingiustamente per oltre quattro anni secondo la Corte Europea dei Diritti Umani (CEDU)[1], a trascorrere il resto della sua vita dietro le sbarre, mentre i suoi sette coimputati, attivisti della società civile precedentemente latitanti, sono stati condannati a un periodo di detenzione di almeno 18 anni. Questa sentenza è stata emessa direttamente nell'aula del tribunale, senza attendere l'esito dell'iter di appello. Sebbene prevedibile, l'avvenimento è stato percepito come un colpo improvviso e sconcertante[2].

II. Il caso Gezi Park

Nel febbraio 2019, un gruppo di nove persone composto da professionisti noti per il loro impegno civico, tra cui imprenditori, avvocati, artisti, architetti e membri della società civile, era stato arrestato ai sensi dell'articolo 312 del Codice penale con l'accusa di aver organizzato e finanziato le proteste violente del 2013 a Istanbul, precisamente nel Gezi Park. Originariamente nate come una manifestazione locale contro la costruzione di un centro commerciale in una zona centrale della città priva di spazi verdi, le proteste hanno assunto dimensioni nazionali in risposta alla dura reazione delle forze dell'ordine. Il Gezi Park, epicentro delle manifestazioni, è diventato il simbolo dello spazio pubblico per le voci di opposizione al di fuori del parlamento. È stato un momento di ribellione civica e creativa, con performances artistiche, mostre, forum e discussioni collettive. Tuttavia, a causa della brutalità dei disordini, quindici persone hanno perso la vita. È importante notare che dopo queste proteste il governo ha aumentato la sua

---

[1] *Kavala v. Türkiye [GC]*, 28749/18, Sentenza del 11.7.2022 [GC].
[2] The Editorial Board "Kavala case shows Turkey's lamentable march to autocracy." *Financial Times*, 27 aprile 2022.

repressione, compromettendo il consolidamento democratico e il processo di europeizzazione della Turchia[345].

Nel dicembre 2019, poche ore dopo il verdetto di non colpevolezza per gli imputati di Gezi Park e la loro assoluzione, Osman Kavala è stato nuovamente arrestato sull'accusa del suo coinvolgimento nel tentato colpo di Stato del luglio 2016, mirante al rovesciamento dell'ordine costituzionale. Egli, uomo d'affari e filantropo è stato dipinto dai media pro-governativi come un "Soros turco", per via del suo coinvolgimento senza fini di lucro con la Open Society Foundation[6789].

Due anni dopo essere stato incarcerato, la CEDU ha riesaminato le accuse mosse contro Kavala, non trovando alcuna prova a suo carico e chiedendo il suo immediato rilascio. Questo pronunciamento ha sottolineato la mancanza di prove nel caso, evidenziando la criminalizzazione di diritti fondamentali come la libertà di espressione e la protesta pacifica, definendo il caso come un tentativo di sopprimere l'attivismo di un difensore dei diritti umani e di dissuadere altre attività simili in Turchia[10]. Nonostante ciò, Kavala non ha mai ottenuto la libertà[111213].

---

[3] Didier Billion. "Dans quel contexte politique Osman Kavala a-t-il été condamné à la prison à perpétuité ?" *IRIS France*, 29 aprile 2022.

[4] Karen Laura Feliciano e Laura Araújo Cariolin. "The fragility of Turkish democracy: the case of Osman Kavala." *Mapa Mundi*, 9 giugno 2022.

[5] Ali Can Uludağ. "The case against Osman Kavala: A Kafkaesque legal spiral." *Expression Interrupted*, 12 aprile 2021.

[6] Open Society. "Open Society Urges Turkish President to Stop Efforts to Obscure the Facts in Kavala Case." Comunicato stampa, 22 ottobre 2021.

[7] Béatrice Hibou e Ahmet Insel. "Reconnecter l'art et les Lumières, une conversation avec le prisonnier politique Osman Kavala." *Le Grand Continent*, 22 dicembre 2022.

[8] Alain Bockel e Ariane Bonzon. "La stratégie turque dans l'affaire Osman Kavala." *Esprit presse*, gennaio 2022.

[9] Domenico Gallo. "La sottile linea nera." *Micromega*, 28 ottobre 2021.

[10] *Kavala v. Türkiye [GC]*, 28749/18, Sentenza del 11.7.2022 [GC].

[11] Financial Times. "Kavala case shows Turkey's lamentable march to autocracy." *Financial Times*, 27 aprile 2022.

[12] Open Society. "Open Society Urges Turkish President to Stop Efforts to Obscure the Facts in Kavala Case." Comunicato stampa, 22 ottobre 2021.

[13] Ali Can Uludağ. "The case against Osman Kavala: A Kafkaesque legal spiral." *Expression Interrupted*, 12 aprile 2021.

In un'azione descritta dalla Corte come elusione della legge[14], Kavala è stato rilasciato due volte, solo per essere immediatamente riarrestato senza presentazione di nuove prove. Successivamente, nell'aprile del 2022, un tribunale locale di Istanbul lo ha condannato all'ergastolo aggravato in relazione alle proteste di Gezi Park, nonostante la CEDU abbia stabilito che non esistevano prove sufficienti né per la sua detenzione, né per una condanna[15]. Parallelamente, i sette coimputati[16], altrettanto innocenti, sono stati condannati a 18 anni ciascuno per il loro presunto coinvolgimento[17][18].

Tuttavia, in una decisione storica di luglio dello scorso anno, la Grande Camera della Corte Europea dei Diritti Umani ha ribadito la sua posizione contraria alla Turchia, sostenendo che sostanzialmente nulla è cambiato dalla precedente valutazione del caso e ha ordinato il rilascio immediato di Kavala[19].

Al di là del devastante impatto personale su di lui e sulla sua famiglia, il caso di Kavala è ora diventato una cartina di tornasole della posizione della Turchia in Europa. Il continuo rifiuto di Ankara di applicare ben due sentenze della CEDU per rilasciare un difensore dei diritti umani detenuto illegalmente, ha messo il Paese in rotta di collisione con gli altri 45 membri del Consiglio d'Europa, che devono mantenere l'autorità e la legittimità della Corte e delle sue sentenze[20]. Nella riunione dello scorso settembre in cui ha esaminato il caso di Kavala, il Comitato dei Ministri del Consiglio d'Europa ha avvertito che il suo rilascio era necessario per mantenere e garantire l'autorità della Corte e del sistema della Convenzione dei Diritti

---

[14] *Kavala v. Türkiye [GC]*, 28749/18, Sentenza del 11.7.2022 [GC].
[15] Anna Kubišta. "Droits de l'Homme : le prix Václav Havel décerné au mécène turc emprisonné Osman Kavala." *Radio Prague International*, 10 ottobre 2023.
[16] Gli altri sette imputati condannati nel "processo Gezi" sono Mucella Yapici, Cigdem Mater, Hakan Altinay, Mine Ozerden, Can Atalay, Yigit Ali Ekmekci e Tayfun Kahraman.
[17] Alain Bockel e Ariane Bonzon. "La stratégie turque dans l'affaire Osman Kavala." *Esprit presse*, gennaio 2022.
[18] Didier Billion. "Dans quel contexte politique Osman Kavala a-t-il été condamné à la prison à perpétuité ?" *IRIS France*, 29 aprile 2022.
[19] *Kavala v. Türkiye [GC]*, 28749/18, Sentenza del 11.7.2022 [GC].
[20] Alper Coşkun e Sinan Ülgen. "Political Change and Turkey's Foreign Policy." *Carnegie Endowment*, 14 novembre 2022.

Umani[21][22]. Il caso adesso è di fondamentale importanza in quanto è divenuto anche un test critico per il futuro delle istituzioni europee per i diritti umani, che sono già state scosse dall'espulsione della Russia dal Consiglio d'Europa a marzo dello scorso anno, in seguito all'invasione dell'Ucraina[23].

A tutti gli effetti, la sentenza del 2022 che ha condannato Kavala all'ergastolo aggravato - pena più severa prevista dalla legge turca, che ha sostituito la pena di morte dopo la sua abolizione nel 2004 - riflette una situazione quasi surreale, che si aggiunge alla lista delle problematiche relative allo Stato di diritto in Turchia[24]. Il suo arresto è stato fortemente condannato dall'opposizione e dalle organizzazioni per i diritti umani, che lo considerano una detenzione deliberata e cinica. Trenta associazioni di avvocati hanno richiesto le dimissioni del Consiglio dei giudici e dei pubblici ministeri, in seguito all'avvio di un'indagine accelerata sui giudici del caso Gezi Park dopo le aspre critiche del presidente Erdogan all'assoluzione di Kavala. La situazione però rimane molto complessa e il forte controllo politico del governo sulla magistratura è fonte di crescente preoccupazione, così come preoccupante è lo scontro interno tra forze progressiste e repressive all'interno della magistratura e del governo[25].

III. Sentenza della Corte Europea dei Diritti Umani di Strasburgo e implicazioni

Il 2 febbraio 2022, il Comitato dei Ministri del Consiglio d'Europa ha deferito il caso di Osman Kavala alla CEDU, segnando un passaggio cruciale in una procedura che nel

---

[21] The Editorial Board. "Kavala case shows Turkey's lamentable march to autocracy." *Financial Times*, 27 aprile 2022.

[22] Marc Pierini. "In Europe, the Rule of Law Matters." *Carnegie Endowment*, 3 dicembre 2021.

[23] Alper Coşkun e Sinan Ülgen. "Political Change and Turkey's Foreign Policy." *Carnegie Endowment*, 14 novembre 2022.

[24] Anna Kubišta. "Droits de l'Homme : le prix Václav Havel décerné au mécène turc emprisonné Osman Kavala." *Radio Prague International*, 10 ottobre 2023.

[25] Alper Coşkun e Sinan Ülgen. "Political Change and Turkey's Foreign Policy." *Carnegie Endowment*, 14 novembre 2022.

medio-lungo termine potrebbe determinare la sospensione della Turchia dal Consiglio d'Europa, di cui è membro fondatore[26].

Il Comitato ha rilevato che il mancato rilascio immediato di Kavala da parte della Turchia rappresenta un rifiuto ad adempiere alla sentenza definitiva della Corte Europea sui suoi diritti. Come detto in precedenza, la CEDU, oltre due anni fa, ha statuito che Kavala dovrebbe essere immediatamente liberato, in quanto la sua detenzione risulta essere illegale e contravviene alla Convenzione Europea dei Diritti Umani. La Corte ha rilevato che le autorità turche hanno agito in modo da mettere a tacere Kavala in quanto difensore dei diritti umani e che, utilizzando la detenzione per fini politici, la Turchia avrebbe violato il diritto di Kavala alla libertà e alla sicurezza (Articolo 5) e il divieto di limitare i diritti della Convenzione per scopi diversi da quelli consentiti dalla Convenzione (Articolo 18)[27][28].

È la seconda volta, dopo il caso di Mammadov contro l'Azerbaigian, che la Corte Europea dei Diritti dell'Uomo conduce una procedura di infrazione e stabilisce che uno Stato membro non si è conformato a una sentenza della Corte Europea[29].

La vicenda di Kavala, imprigionato senza condanna per oltre quattro anni, è diventata un tema cruciale anche sul piano diplomatico, essendo considerata di stretta natura politica. In seguito a questo deferimento, il presidente turco Tayyip Erdoğan ha affermato che la Turchia non riconoscerà il Consiglio d'Europa se questo non riconoscerà i tribunali turchi. Le dichiarazioni di Erdoğan enfatizzano il suo intento di far rispettare le decisioni dei tribunali nazionali, sottolineando che esse sovrasterebbero le posizioni assunte dalla Corte Europea dei Diritti dell'Uomo e dal Consiglio d'Europa. Vi sono tre aspetti critici che emergono da questa situazione[30][31].

---

[26] Marc Pierini. "In Europe, the Rule of Law Matters." *Carnegie Endowment*, 3 dicembre 2021.
[27] *Kavala v. Türkiye [GC]*, 28749/18, Sentenza del 11.7.2022 [GC].
[28] Ali Can Uludağ. "The case against Osman Kavala: A Kafkaesque legal spiral." *Expression Interrupted*, 12 aprile 2021.
[29] *Ilgar Mammadov c. Azerbaijan*, Application no. 15172/13, Grande Camera, Procedimenti ai sensi dell'articolo 46 § 4, 29 maggio 2019.
[30] Didier Billion. "Dans quel contexte politique Osman Kavala a-t-il été condamné à la prison à perpétuité ?" *IRIS France*, 29 aprile 2022.
[31] Alain Bockel e Ariane Bonzon. "La stratégie turque dans l'affaire Osman Kavala." *Esprit presse*, gennaio 2022.

In primo luogo, la detenzione di Osman Kavala per più di quattro anni senza una sentenza definitiva è una questione che desta preoccupazione. Inizialmente assolto dalle accuse legate alle proteste nazionali di Gezi, Kavala è stato nuovamente incriminato con l'accusa di tentato rovesciamento dell'ordine costituzionale durante il tentativo di colpo di Stato del 15 luglio. La CEDU ha però sottolineato che arresti come quelli di Kavala e del precedente co-presidente del Partito Democratico del Popolo Selahattin Demirtaş siano finalizzati a mettere a tacere le voci dissidenti. Formalmente, Demirtaş è stato detenuto per aver incitato alla violenza durante le proteste di Kobane nel 2016, mentre Kavala è stato imprigionato con l'accusa di aver tentato di destabilizzare il governo durante le proteste di Gezi nel 2013[32]. Tuttavia, vi è una crescente opinione pubblica che sostiene che queste detenzioni siano motivate dalla preoccupazione per una presunta trasformazione della Turchia in un regime unipersonale, specialmente dopo il passaggio al sistema presidenziale approvato da un referendum costituzionale nel 2017. Infatti, è noto che sia Erdoğan sia il leader del Partito del Movimento Nazionalista Devlet Bahçeli, alleato dell'AKP, esercitano una forte pressione politica sugli organi giudiziari[33][34].

In secondo luogo, la Turchia è accusata di aver violato non solo la Convenzione Europea dei Diritti Umani, ma anche la Costituzione turca, non rispettando le decisioni della Convenzione dei Diritti Umani Europea. La Costituzione turca del 2004 afferma infatti che gli accordi internazionali debbano essere rispettati e, in caso di conflitto con le leggi nazionali, le disposizioni degli accordi internazionali abbiano assoluta priorità. Quindi, se le decisioni della CEDU non vengono rispettate, è anche la Costituzione stessa che viene violata[35].

In terzo luogo, il Ministero degli Affari Esteri ed Erdogan hanno reagito energicamente alla decisione del Comitato dei Ministri del Consiglio d'Europa, dichiarando che il governo

---

[32] Neslihan Çetin. "Politisation excessive du pouvoir judiciaire et la Turquie face au Conseil de l'Europe dans l'affaire Kavala." *Blogdroiteuropéen*, 3 febbraio 2022.
[33] Alper Coşkun e Sinan Ülgen. "Political Change and Turkey's Foreign Policy." *Carnegie Endowment*, 14 novembre 2022.
[34] Karen Laura Feliciano e Laura Araújo Cariolin. "The fragility of Turkish democracy: the case of Osman Kavala." *Mapa Mundi*, 9 giugno 2022.
[35] Marc Pierini. "In Europe, the Rule of Law Matters." *Carnegie Endowment*, 3 dicembre 2021.

turco aveva già condiviso le sue opinioni in precedenza, affermando che la sentenza della Corte Europea dei Diritti dell'Uomo è stata rispettata e che la detenzione di Kavala è solamente frutto di un altro procedimento legale. Tuttavia, la decisione di violazione della CEDU si basa sull'accusa che le nuove azioni legali contro Kavala mirino ad aggirare la sentenza della Corte Europea. Dunque, le suddette dichiarazioni in un certo senso sembrano confermare questa accusa, rivelando un tentativo di presentare nuove cause per far apparire l'azione conforme alle decisioni della CEDU[36][37].

Nonostante la potenza economica e l'importante posizione geopolitica della Turchia, le azioni contrarie alle sentenze della CEDU sollevano notevoli dubbi sul suo rispetto dello Stato di diritto.

IV. Rilevanza del caso Kavala

Le situazioni legate alle controversie di Gezi Park e all'incriminazione di Kavala offrono un manifesto delle strategie legali adottate per regolare e scoraggiare opposizioni in contesti di transizioni verso regimi autocratici. In queste dinamiche, si osserva spesso una strategia di criminalizzazione, soprattutto quando si tratta di questioni di libertà d'espressione. L'approccio legale in contesti autocratici fa uso di azioni normative e procedurali che presumibilmente mirano a preservare l'ordine costituzionale democratico e garantire un processo giusto. Nella realtà turca, norme comuni del diritto penale, come quelle relative al presunto tentativo di sovvertire il governo o l'ordine costituzionale, insieme ad accuse di diffamazione o calunnia, sempre più costituiscono il fulcro delle indagini e dei procedimenti giuridici contro individui non

---

[36] Karen Laura Feliciano e Laura Araújo Cariolin. "The fragility of Turkish democracy: the case of Osman Kavala." *Mapa Mundi*, 9 giugno 2022.
[37] Ali Can Uludağ. "The case against Osman Kavala: A Kafkaesque legal spiral." *Expression Interrupted*, 12 aprile 2021.

affiliati politicamente al tentativo di colpo di Stato del 2016[38][39][40][41].

L'adattamento personalizzato del diritto penale, flessibile in base alle esigenze dell'egemonia autocratica, emerge come modello ricorrente. Inoltre, i tribunali penali di base, soggetti a influenze politiche attraverso cambiamenti di personale e indagini disciplinari, agiscono come strumenti per l'arbitrarietà. Il concetto di processo legale, caratterizzato da garanzie sostanziali, viene scollegato dai valori e dai confini intrinseci della legalità, quali equità e integrità procedurale. Il professionismo giudiziario si trasforma in un mero formalismo legale, privo della sostanza della giustizia. Di conseguenza, la magistratura di basso grado si riduce a un meccanismo normativo dell'egemonia autocratica. Complessivamente, le ingiustizie emerse non seguono un percorso coerente e prevedibile, diversamente da quanto accadeva durante il periodo di governo militare in Turchia[42][43][44][45].

Tale ambiguità nel legalismo autocratico genera un dilemma complesso. In primo luogo, il diritto diviene uno strumento per la magistratura, utilizzato come un modo per soddisfare i requisiti minimi delle osservazioni europee in materia di rimedi effettivi. In secondo luogo, sembra che i tribunali godano di una certa autonomia in specifiche circostanze, come evidenziato nel caso di Gezi Park. Se la maggioranza dei giudici si allinea a favore della libertà, soprattutto nelle istanze giudiziarie

---

[38] Financial Times. "Kavala case shows Turkey's lamentable march to autocracy." *Financial Times*, 27 aprile 2022.

[39] Neslihan Çetin. "Politisation excessive du pouvoir judiciaire et la Turquie face au Conseil de l'Europe dans l'affaire Kavala." *Blogdroiteuropéen*, 3 febbraio 2022.

[40] Alper Coşkun e Sinan Ülgen. "Political Change and Turkey's Foreign Policy." *Carnegie Endowment*, 14 novembre 2022.

[41] Anna Kubišta. "Droits de l'Homme : le prix Václav Havel décerné au mécène turc emprisonné Osman Kavala." *Radio Prague International*, 10 ottobre 2023.

[42] Béatrice Hibou e Ahmet Insel. "Reconnecter l'art et les Lumières, une conversation avec le prisonnier politique Osman Kavala." *Le Grand Continent*, 22 dicembre 2022.

[43] Alper Coşkun e Sinan Ülgen. "Political Change and Turkey's Foreign Policy." *Carnegie Endowment*, 14 novembre 2022.

[44] Anna Kubišta. "Droits de l'Homme : le prix Václav Havel décerné au mécène turc emprisonné Osman Kavala." *Radio Prague International*, 10 ottobre 2023.

[45] Domenico Gallo. "La sottile linea nera." *Micromega*, 28 ottobre 2021.

supreme, le tensioni con la Costituzione e la giurisprudenza della CEDU tendono a diminuire[46].

È importante sottolineare che la Corte costituzionale ha ignorato l'incostituzionalità della lunga detenzione di Kavala, contrastando con l'opinione divergente della CEDU che ha richiesto il suo rilascio immediato, evidenziando una sottomissione formale e parziale alle osservazioni europee. Tuttavia, il secondo arresto e la sua condanna compromettono l'impatto sia della supervisione europea sia della strategia di riforma giudiziaria adottata di recente, in consultazione con il Consiglio d'Europa e la Commissione UE, volta a rafforzare i diritti umani e lo Stato di diritto[47]. In primo luogo, il nuovo arresto di Kavala è correlato a un presunto reato legato al tentato colpo di Stato, già oggetto di indagini parallele alle accuse relative a Gezi Park e non è conforme agli standard legali della legge nazionale recentemente implementata dalla Turchia[48].

In secondo luogo, la CEDU aveva già esaminato, nel caso Kavala contro Turchia, le accuse di tentato sovvertimento dell'ordine costituzionale mediante forza e violenza, fondamento del nuovo arresto. Considerando la natura del presunto crimine, la CEDU ha enfatizzato la necessità di fatti o prove tangibili e verificabili che giustifichino un ragionevole sospetto, e tali elementi non sono presenti per Kavala[49][50].

Le dinamiche di resistenza all'interno della società civile, evidenziate nei casi di Gezi Park e Kavala, offrono una prospettiva sulle sfide che il pubblico democratico affronta come portatore della democrazia costituzionale in contesti autocratici. Questi casi testimoniano le vessazioni giudiziarie dirette verso la società civile, in particolare i difensori dei diritti

---

[46] Neslihan Çetin. "Politisation excessive du pouvoir judiciaire et la Turquie face au Conseil de l'Europe dans l'affaire Kavala." Blogdroiteuropéen, 3 febbraio 2022.

[47] Marc Pierini. "In Europe, the Rule of Law Matters." *Carnegie Endowment*, 3 dicembre 2021.

[48] Art. 102 del Codice penale

[49] *Kavala v. Türkiye [GC]*, 28749/18, Sentenza del 11.7.2022 [GC].

[50] Ali Can Uludağ. "The case against Osman Kavala: A Kafkaesque legal spiral." *Expression Interrupted*, 12 aprile 2021.

umani[51][52]. Nel contesto del caso Kavala contro la Turchia, la CEDU ha esaminato il legame tra le accuse e le dichiarazioni pubbliche del presidente Erdoğan riguardanti il ruolo di Kavala nelle proteste di Gezi Park, in cui è stato etichettato come terrorista e finanziatore delle rivolte. Tale correlazione ha portato la Corte a concordare con le affermazioni del Commissario per i Diritti Umani, che suggeriscono che le azioni contro Kavala siano parte di un più ampio sforzo repressivo contro i difensori dei diritti umani, con probabili ripercussioni sul futuro impegno di questi attivisti[53][54].

V.   Conclusioni

In questo contesto, è evidente, come chiarito anche dalle sentenze della Corte, che l'arresto e la detenzione di Kavala siano avvenuti con una mancanza sostanziale di prove di attività criminale, senza che gli fosse concesso un ricorso efficace per contestare in modo significativo la sua privazione della libertà. La Corte Europea ha abilmente applicato la sua giurisprudenza emergente sull'articolo 18 in modo coeso e conforme ai principi, riuscendo così a considerare gli sviluppi legali e politici nazionali che hanno portato alla detenzione di Kavala. Questo processo ha permesso alla Corte di svelare, almeno in parte, la complessità della situazione turca, soprattutto in relazione alle sue conclusioni sull'articolo 18. Tuttavia, non si può dire altrettanto quando si tratta di esaminare il contesto e lo schema più ampio in cui si sono verificate le presunte violazioni e la completa disintegrazione dello Stato di diritto, del sistema giudiziario e dei rimedi interni in Turchia.

È inoltre chiave evidenziare il ruolo di persone come Kavala nel mondo contemporaneo: i veri difensori dei diritti umani emergono come figure cruciali all'interno della società civile, considerati protagonisti fondamentali nel rafforzare la

---

[51] Béatrice Hibou e Ahmet Insel. "Reconnecter l'art et les Lumières, une conversation avec le prisonnier politique Osman Kavala." *Le Grand Continent*, 22 dicembre 2022.

[52] Anna Kubišta. "Droits de l'Homme: le prix Václav Havel décerné au mécène turc emprisonné Osman Kavala." *Radio Prague International*, 10 ottobre 2023.

[53] Ibid.

[54] Neslihan Çetin. "Politisation excessive du pouvoir judiciaire et la Turquie face au Conseil de l'Europe dans l'affaire Kavala." *Blogdroiteuropéen*, 3 febbraio 2022.

coscienza democratica pubblica e costituzionale. Tale percezione, in linea con la concezione della società civile come forza positiva per la democratizzazione, coesiste con una prospettiva teoricamente negativa che suggerisce come l'attivismo civile possa, in certi casi, involontariamente consolidare pratiche autocratiche mediante l'eccessiva dipendenza dell'élite al potere dalla repressione. È dunque necessario che la società civile focalizzi la propria attenzione sulla resilienza istituzionale, includendo la costruzione di conoscenze basate sui dati, la documentazione, il potenziamento delle capacità umane e la creazione di piattaforme associative a livello locale e nazionale.

È altresì auspicabile che l'Unione Europea possa stabilire tra le sue priorità la necessità di sviluppare un programma strutturato per la resilienza delle organizzazioni per i diritti umani all'interno del quadro dello Strumento Europeo per la Democrazia e i Diritti Umani. Infine, si prevede inoltre che il Comitato dei Ministri del Consiglio d'Europa riprenda il suo processo di supervisione e adotti misure più incisive per adempiere al suo mandato al fine di garantire che la Turchia adotti le necessarie misure individuali e generali per attuare efficacemente le sentenze della Corte.

Bibliografia

"Open Society Urges Turkish President to Stop Efforts to Obscure the Facts in Kavala Case." Comunicato stampa, 22 ottobre 2021.

Billion, Didier. "Dans quel contexte politique Osman Kavala a-t-il été condamné à la prison à perpétuité ?" IRIS France, 29 aprile 2022.

Bockel, Alain, e Ariane Bonzon. "La stratégie turque dans l'affaire Osman Kavala." Esprit presse, gennaio 2022.

Çetin, Neslihan. "Politisation excessive du pouvoir judiciaire et la Turquie face au Conseil de l'Europe dans l'affaire Kavala." Blogdroiteuropéen, 3 febbraio 2022.

Coşkun, Alper, e Sinan Ülgen. "Political Change and Turkey's Foreign Policy." Carnegie Endowment, 14 novembre 2022.

Feliciano, Karen Laura, e Laura Araújo Cariolin. "The fragility of Turkish democracy: the case of Osman Kavala." Mapa Mundi, 9 giugno 2022.

Financial Times. "Kavala case shows Turkey's lamentable march to autocracy." 27 aprile 2022.

Gallo, Domenico. "La sottile linea nera." Micromega, 28 ottobre 2021.

Hibou, Béatrice, e Ahmet Insel. "Reconnecter l'art et les Lumières, une conversation avec le prisonnier politique Osman Kavala." Le Grand Continent, 22 dicembre 2022.

Ilgar Mammadov c. Azerbaijan, Application no. 15172/13, Grande Camera, Procedimenti ai sensi dell'articolo 46 § 4, 29 maggio 2019.

Kavala v. Türkiye [GC], 28749/18, Sentenza del 11.7.2022 [GC].

Kubišta, Anna. "Droits de l'Homme : le prix Václav Havel décerné au mécène turc emprisonné Osman Kavala." Radio Prague International, 10 ottobre 2023.

Pierini, Marc. "In Europe, the Rule of Law Matters." Carnegie Endowment, 3 dicembre 2021.

Uludağ, Ali Can. "The case against Osman Kavala: A Kafkaesque legal spiral." Expression Interrupted, 12 aprile 2021.

***Marco Rizzi** è nato a Milano nel 2000. Ha completato gli studi universitari in "Relazioni internazionali e Affari Globali" presso l'Università Cattolica del Sacro Cuore nel giugno 2022. La sua tesi ha analizzato il sistema degli Spitzenkandidaten e il suo ruolo all'interno dell'Unione Europea. Interessato all'influenza globale dell'Europa, sta perseguendo un Master in "Affari Europei" presso l'Università di Lund, in Svezia. In qualità di Head of Lecture presso l'Association of Foreign Affairs di Lund, Marco incoraggia le discussioni sulle questioni internazionali e organizza eventi e dibattiti. Inoltre, scrive per The Perspective ed è Senior Researcher per Mondo Internazionale, entrambe piattaforme mediatiche specializzate in politica estera globale e attualità. Dallo scorso settembre, Marco lavora per lo European Exterrnal Action Service come Trainee presso la Delegazione dell'UE al Consiglio d'Europa a Strasburgo. Parla fluentemente italiano, inglese, francese e spagnolo.*

Il ritorno della Siria (e di Assad) nel panorama internazionale

Flora Stanziola – Vice caporedattrice di Mondo Internazionale Post, area Diritti Umani

La riammissione della Siria nella Lega Araba sembrerebbe aprire la strada ad una deposizione delle armi da parte del governo di Assad. Dopo 12 anni di guerra civile, la più violenta e sanguinosa del XXI secolo, il leader siriano è infatti riuscito a farsi largo tra opposizioni, condanne di crimini di guerra e interventi degli alleati dell'opposizione conducendo però il Paese in una crisi economico-politica e umanitaria. Un paese che già prima dello scoppio del conflitto si mostrava fragile e diviso internamente è stato terreno fertile per l'insorgenza di diversi gruppi ideologici di opposizione che, insieme ai tentativi di repressione del governo, hanno trasformato la Siria in un campo di battaglia per le potenze mondiali impedendo di ristabilire il controllo dell'intero territorio nazionale. La sua posizione strategica e la ricchezza del sottosuolo hanno infatti attirato l'interesse di più Stati nella regione, la quale però, a causa del lungo conflitto e degli eventi naturali che l'hanno colpita, necessita di un importante aiuto economico per la ricostruzione.

Il lavoro dopo un'introduzione al contesto esaminerà in un primo momento le tappe della primavera araba per poi analizzarc comc abbiano influito gli interventi internazionali sulla durata, l'impatto e il risvolto della guerra civile.

Parole Chiave: Guerra, Civile, Violenza, Sfollati, Sanzioni, Crisi

I. Introduzione

Situata tra l'Egitto e l'Asia Minore da una parte, la Mesopotamia e il Mediterraneo dall'altra, la Siria è considerata la chiave dell'Oriente. La Siria è una Repubblica presidenziale in Medio Oriente che si affaccia sul mar Mediterraneo. Confina a nord con la Turchia, a est con l'Iraq, a sud con la Giordania e a ovest con Israele e Libano. In generale, il territorio siriano è caratterizzato da un altopiano desertico pianeggiante, sezionato da montagne con una stretta pianura costiera a ovest con sbocco sul mare.

Il paese, diviso in 14 governatorati, presenta un altissimo tasso di autoritarismo da parte del regime di Bashar al-Assad, attuale presidente. Il sistema legale interno è un misto di legge civile e legge islamica e quindi per comprendere la situazione siriana è utile fornire una panoramica sulla composizione etnica e religiosa della popolazione. Basandosi sui censimenti compiuti[1] prima dell'attuale guerra civile, che ovviamente ha avuto un forte impatto sul popolo siriano, nel luglio 2010 si stimavano 22 milioni e mezzo di persone, di cui il 90,3% arabe e il 9,7% suddiviso tra curdi, armeni e altri gruppi etnici. Inoltre, il 74% dei siriani è di fede musulmana sunnita, il 10% è cristiano (tra questi ci sono greci-ortodossi, greci-cattolici e armeni-gregoriani), mentre nel restante 16% ci sono sciiti, alawiti e drusi; si registra anche la presenza di piccole comunità ebraiche.

Per il 60% di fede sunnita, la popolazione siriana vive da quarant'anni sotto il dominio del clan familiare di Assad, appartenente alla minoranza alawita, un ramo dello sciismo, e questa dinastia manifesta il suo potere politico attraverso il monopolio del governo.

Le prime manifestazioni contro Assad entrano a far parte di quel movimento chiamato "Primavera Araba", cioè le proteste antigovernative iniziate nel 2011 prima in Tunisia e che si sono poi diffuse in diversi paesi del Nord Africa e del Medio Oriente. Se in alcuni casi portarono alla destituzione di capi di governi autoritari che erano al potere da decenni, come in Tunisia ed Egitto, in altri crearono le condizioni per l'inizio di guerre civili che non si sono ancora risolte, come in Siria. Oggi, il paese è fratturato da attori con interessi sul territorio apparentemente inconciliabili: in aree fuori dal controllo del regime, gli estremisti che promuovono una teocrazia musulmana sunnita

---

[1] United Nations World Population Prospects, 2023

hanno eclissato le forze di opposizione che lottano per una Siria democratica e pluralistica, mentre le potenze regionali hanno sostenuto varie forze locali per far avanzare la loro strategia geopolitica.

II.   Dall'indipendenza alle origini del conflitto

La Siria ottenne l'indipendenza il 17 aprile 1946, quando terminò il mandato francese della Società delle Nazioni. A partire da quel momento in Siria, come in Libano si iniziarono a sviluppare varie correnti nazionaliste arabe, che però non raggiunsero mai i risultati sperati: il fallimento di questo nazionalismo si dovette all'incapacità degli Stati e delle tribù di unirsi e di creare un vero fronte arabo. L'arabicità verrà sostituita nel tempo dall'Islam, che diverrà il fattore comune e determinante in quel periodo. A farsi portatore dell'identità araba fu il *Ba'ath* (rinascita), ideologia laica che si diffuse in Medio Oriente mescolando l'antico sogno di un'unica nazione araba con idee socialiste e sull'idea di una comunità araba che lotta contro il colonialismo. A metà degli anni Quaranta, in seguito a un colpo di Stato, il *Ba'ath* venne però sciolto, così come gli altri partiti per poi tornare al potere nuovamente nel 1963 con il presidente Al-Hafiz. La ripresa si sarebbe avuta anche con l'avvento in Egitto di Nasser negli anni '60 e '70 e del suo desiderio di ricreare un mondo arabo, capace di far rinascere il *Ba'ath* e di accendere gli animi nazionalisti. A partire dal 1963 la base di legittimità del *Ba'ath* sarà costituita da una burocrazia statale sovra-dimensionata e dall'esercito composto da gruppi "marginali o periferici", ovvero alawiti, drusi e ismailiti che da quel momento occuperanno le cariche dirigenziali all'interno dell'esercito, del partito e dell'apparato statale.

Il 23 febbraio 1966 viene consumato l'ennesimo colpo di stato: il "*Neo Ba'ath*", capeggiato da al-Assad, al-Jadid, e al-Attasi che vide il rovesciamento del governo di Hafiz e la salita al potere di al-Attasi.

Il governo siriano subì un duro colpo con lo scoppio della Guerra dei Sei Giorni del 1967[2] dove Israele occupò vari territori dei paesi confinanti: la Cisgiordania e Gerusalemme est

---

[2] Alberto Tonini, Marcella Simoni, *Realtà e memoria di una disfatta: Il Medio Oriente dopo la guerra dei Sei Giorni* (Firenze: University Press, 2010).

della Giordania, le alture del Golan siriane, la striscia di Gaza e il Sinai egiziani.

In questo contesto gli sforzi di riforma di stampo socialista continuarono e il *Ba'athismo* si proponeva come partito panarabista, socialista con l'idea di suscitare uno spirito nazionalista di rottura con un passato considerato indegno della sua storia e soprattutto della nascita dello Stato di Israele. Il Paese rimaneva comunque fragile istituzionalmente, a causa dell'ostilità tra quanti patrocinavano un governo civile del *Ba'ath* e coloro che sostenevano la fazione militare. I primi erano legati ad Al-Jadid, i secondi ad Assad, maggiori esponenti della corrente più vicina all'allora Unione Sovietica. Nel 1970 Al-Jadid promosse un colpo di Stato, il quale però fu sventato da Assad che ne fece arrestare tutti i fiancheggiatori, compreso il Capo dello Stato Atassi.

Assad venne quindi eletto presidente e stabilizzò il Paese, pur non rendendo altrettanto stabile la sua posizione internazionale, proseguì all'instaurazione di un regime autoritario ma con attenzione alle minoranze e di un modello di sviluppo della Siria basato su quello sovietico. Al-Assad si presentava inoltre, in principio, come un leader moderato in contrapposizione a un regime che reprimeva ferocemente le libertà individuali.

Al-Assad aveva promesso libertà, soppressione dei servizi di sicurezza, uguaglianza e rispetto dei diritti umani, ma la revisione della Costituzione nel 1973[3] provocò un forte dissenso popolare, con scioperi e manifestazioni di piazza. In base all'art. 1 della Costituzione del 1973, la Repubblica Araba di Siria è uno "Stato democratico, popolare, socialista e sovrano", la Costituzione riconosce, all'art. 8, un ruolo di partito guida nella società e nello Stato al partito arabo socialista *Ba'ath*. Ma siccome la religione musulmana, religione ufficiale dello Stato, considerava gli alawiti, una ramificazione degli sciiti di cui la famiglia al-Assad fa parte, miscredenti, Assad praticò un certo ridimensionamento del *Ba'ath* a favore di un rafforzamento dell'autorità del proprio gruppo. Consapevole del fatto che l'ascesa di un alawita alla presidenza avrebbe urtato la sensibilità dei sunniti siriani, Assad chiese all'*imam* sciita libanese Mûsâ al-Sadr di promulgare una *fatwa* in cui venisse proclamato che gli alawiti sono musulmani sciiti. Nel 1973 egli procedette a un

---

[3] Costituzione definitiva della Repubblica Araba Siriana (31 gennaio 1973)

"movimento di rettifica" della Costituzione siriana volto a sopprimere la clausola che precisa che il Presidente dev'essere di religione islamica. Ciò comportò un ulteriore inasprimento da parte degli *ulama* sunniti siriani. Per effetto di questa politica, le alte funzioni militari potevano essere occupate esclusivamente da ufficiali alawiti o da sunniti o cristiani baathisti che avessero dimostrato una forte fedeltà ad Assad. La presenza di Assad comportò quindi un certo ridimensionamento del *Ba'ath* a favore di un rafforzamento dell'autorità del proprio gruppo, gli alawiti.

La società siriana al momento dell'ascesa di al-Assad risultava ancora molto stratificata: la borghesia industriale appariva scomparsa e venne sostituita, nel ruolo di traino dell'economia, da una piccola borghesia commerciale o artigiana la quale divenne la parte più fedele del regime. Inoltre, al momento della presa del potere al-Assad si era dichiarato disponibile a un allargamento della base del potere, dando così un segnale di apertura rispetto all'attitudine centralista del governo Jadīd. Formò così il Fronte Nazionale Progressista, che raggruppava diverse formazioni di sinistra, ma di queste solo il *Ba'ath* aveva diritto di condurre attività politica all'interno delle università e delle forze armate. Inoltre, dal 1963 è in vigore la legge marziale, che autorizza il ricorso all'esercito per la repressione interna. Di fatto, si registrò un lungo periodo di prosperità, ma il regime assunse connotati sempre più autoritari, contemplando un vero e proprio culto della personalità e una brutale e violenta ostilità nei confronti degli oppositori. Le città tradizionalmente conservatrici, come Homs e Hama iniziarono a rivoltarsi e vennero fatti prigionieri tutti coloro che si opponevano al regime.

Un'altra caratteristica del regime di al-Assad è lo sviluppo delle forze paramilitari, costituite da brigate e milizie affidate ai suoi uomini più fedeli, tra cui la più tristemente famosa è la *Sarayyat al-Difa'ā* (brigata di difesa), creata nel 1965 da al-Assad e diretta fino al 1984 dal fratello Rif'at, dapprima con lo scopo di fungere da arma di dissuasione e poi garanzia contro eventuali colpi di stato.

Per quanto riguarda i rapporti con gli altri paesi della regione, nel 1971 venne ratificata con un referendum la creazione dell'Unione delle Repubbliche Arabe[4], comprendente Egitto,

---

4 "Costituzione Della Federazione Delle Repubbliche Arabe." *Oriente Moderno*, vol. 51, no. 9/11, 1971, pp. 679–86.

Libia, Sudan, Siria, un'unione di basso profilo e di breve durata ma che testimonia in ogni caso la volontà del regime di normalizzare i rapporti con i paesi vicini e d'incentivare la cooperazione inter-araba in campo economico e nei confronti del problema palestinese. In nome di tale organizzazione Anwar al-Sadat, presidente egiziano e Hafez al-Assad fondavano il proprio mandato su una comune appartenenza etnica araba, più che sulla religione islamica. Il nazionalismo panarabo, che proponeva un'unione dei vari paesi a maggioranza araba, era oltretutto favorito dai ceti più istruiti e nazionalisti, cioè la base del loro consenso, che spingevano per una riconquista dei territori sottratti da Israele con la guerra del 1967.

Fu così che il 6 ottobre 1973 nel giorno del Kippur, una festa religiosa ebraica, Sadat e Assad decisero quindi di attaccare a sorpresa Israele. La sorpresa iniziale colse l'esercito israeliano impreparato e che non riuscì a contrastare l'avanzata degli avversari: da ovest gli egiziani oltrepassarono il canale di Suez che divideva il Sinai, occupato da Israele, dall'Egitto. Lo stesso successo lo ebbero i siriani, che riuscirono ad occupare le alture del Golan nel primo giorno di combattimenti. Come buona parte dei grandi conflitti della seconda metà del Novecento, anche la Guerra dello Yom Kippur fu influenzata dal più ampio contrasto fra le due potenze della Guerra Fredda. Gli Stati Uniti e l'Unione Sovietica avevano creato due sfere di influenza contrapposte in Medio Oriente: i primi sostenevano, e sostengono tuttora, Israele, mentre l'Unione Sovietica tendenzialmente sosteneva i paesi arabi, in virtù del fatto che una parte di questi in quel periodo era governata da partiti di ispirazione socialista.

La guerra dello Yom Kippur o anche detta Guerra d'Ottobre costituisce uno dei capisaldi della simbologia del potere di al-Assad il quale si pulisce dall'onta della sconfitta subita nel 1967, dimostrando di essere in grado di gestire su un campo di parità i rapporti con il nemico.

Intanto, il presidente egiziano al-Sadat aveva cominciato il processo di avvicinamento agli USA sia nel 1973, con l'espulsione di 15.000 consiglieri sovietici, sia durante la guerra d'ottobre agendo in maniera amichevole nei confronti dei piani statunitensi nella regione. Nel 1975 adottò una politica economica "d'apertura" che condurrà al Trattato di pace israelo-egiziano[5] il 26 marzo 1979.

Ciò rappresentò un durissimo colpo per il mondo arabo, indebolito sul piano ideologico e soprattutto militare. Al-Assad, si vide costretto così a rimodellare la politica regionale della Siria, ovvero a concentrarsi sulla sua area d'influenza storica: il Libano, nella morsa della guerra civile dal 1975. Le truppe siriane vennero schierate così al fianco di quelle cristiane. L'impegno nella guerra del Libano sembrava sempre più un mezzo per distogliere l'attenzione dai problemi interni, dalle difficoltà economiche e dagli scontri intracomunitari ma esasperò i conflitti sociali e il malcontento interni comportando un susseguirsi di attentati, uso della forza sugli insurrezionalisti e la condanna a morte degli appartenenti al gruppo dei Fratelli Musulmani. Il tentativo di rovesciare il regime da parte degli oppositori fallì definitivamente nel 1982 quando le forze armate siriane assediarono e bombardarono per 27 giorni Hama, i cui cittadini erano accusati di complicità con i combattenti islamici.

Gli anni '80 sono quindi caratterizzati da repressione, brutalità e violenza e politica del terrore.

Per evitare l'isolamento regionale, aggravato anche dalla dissoluzione dell'Unione Sovietica, nel corso degli anni '80 la Siria si rivolse all'Iran di Khomeini, si stabilì un asse sciita che andava fino al Libano meridionale, dove era presente Hezbollah. Lo schieramento della Siria però, in occasione della guerra tra Iran e Iraq comportò comunque l'isolamento nel mondo arabo, generalmente ostile al rafforzamento della rivoluzione islamica iraniana. Dalla situazione di isolamento si uscì nel 1990, quando al-Assad si schierò con la coalizione a guida statunitense durante la prima Guerra del Golfo nel contrasto a Saddam Hussein, dopo l'invasione del Kuwait.

Nel 2000 a seguito della morte di Hafez al-Assad gli successe il figlio Bahsar al-Assad. Inizialmente le prospettive sembrarono prendere una svolta differente da quella del padre: liberò i prigionieri e si diffusero speranze di cambiamento ma dal punto di vista economico la crescita del PIL rimaneva bassa, i livelli di povertà e disoccupazione preoccupanti e le finanze pubbliche continuavano a dipendere fortemente dalle rendite petrolifere. Allo stesso tempo, la popolazione era in crescita. In questo contesto, il nuovo presidente intensificò il processo di

---

[5] "Il Trattato Di Pace Fra Egitto e Israele." *Rivista Di Studi Politici Internazionali*, vol. 46, no. 2 (182), 1979, pp. 297–317

liberalizzazione economica iniziato dal padre attraverso l'attuazione del cosiddetto "modello cinese" e di un'economia sociale di mercato, portando avanti ed esacerbando la transizione da borghesia di Stato a borghesia commerciale.

Dopo gli attentati dell'11 settembre 2001 i rapporti con l'Occidente si incrinarono e Bashar si oppose all'invasione americana dell'Iraq del 2003. In maniera molto autoritaria, Bashar iniziò ad appoggiare il regime di Saddam Hussein. Senza lungimiranza in politica estera subendo l'isolamento dagli Stati Uniti di Bush, dal 2006 al 2011 il paese soffrì a causa di siccità e carestie, povertà, innalzamento dei prezzi crisi economica che risultava in un reddito pro-capite basso ai livelli dell'Africa Sub-sahariana. La cattiva gestione e la mancata redistribuzione dei terreni agricoli comportò una migrazione interna verso le città, provocando un'impennata del tasso di disoccupazione. La pressione sulle città per la ricerca di lavoro alimentò ulteriormente i disordini e risentimenti sulla gestione della crisi, i quali culmineranno con l'avvento della Primavera Araba.

III.   Attori e interessi nel conflitto siriano

Pochi anni prima dello scoppio del conflitto, il popolo siriano aveva già manifestato la propria preoccupazione per l'elevata disoccupazione, la corruzione e la mancanza di libertà sotto il Presidente Bashar al-Assad. Nel 2011, sull'onda della Primavera araba in Siria presero piede numerose proteste nei confronti del regime di al-Assad, i manifestanti chiedevano maggiori riforme democratiche e le proteste diventarono sempre più animate così come la repressione da parte delle forze di sicurezza. Bashar al-Assad infatti, dal giorno del suo insediamento aveva mantenuto il potere attraverso la repressione militare del dissenso: l'uso smodato della forza comportò una rivolta dell'intero paese, e il 15 marzo 2011 ha inizio in Siria la guerra civile. La rivolta partì da una piccola città del Sud, Daraa quando a seguito dell'arresto di due giovani studenti, accusati di aver scritto sui muri della scuola frasi contro il regime, i cittadini scesero in piazza per chiederne la liberazione e un'apertura democratica del regime, il quale rispose bombardando le zone controllate dai ribelli.

L'escalation delle proteste fece sì che alcuni combattenti disertori dell'esercito governativo di Bashar al-Assad si unirono in una formazione paramilitare: l'Esercito Siriano

Libero (ESL). Tale formazione nacque in principio per difendere i civili dagli attacchi governativi ma ben presto la sua natura cambierà in favore di un movimento di guerriglia contro le forze lealiste e l'obiettivo si sposterà sul rovesciamento del regime di Bashar al-Assad con l'intrusione al suo interno di figure legate ai Fratelli Musulmani e all'integralismo islamico. Sorsero così svariati gruppi ribelli, furono coinvolte organizzazioni jihadiste estremiste, come l'ISIS e al-Qaeda (che hanno influenzato negativamente la visione occidentale sul conflitto), così come le potenze straniere, mondiali e regionali, si schierarono a favore o contro il governo di Assad. Ad aggravare ulteriormente la drammatica situazione in Siria fu la presenza dei curdi siriani che rafforzarono il loro controllo nel nord della Siria, lungo il confine con la Turchia. Il governo dei territori sotto il controllo curdo era garantito dal Partito dell'Unione Democratica (PYD), collegato al Partito dei Lavoratori del Kurdistan (PKK).

L'ascesa dei gruppi estremisti in Siria è stata, in parte, opera del regime, poiché Assad voleva imporre sulla scena internazionale l'alternativa tra un governo laico (il suo) e uno jihadista e a metà del 2011, il regime aveva rilasciato centinaia di militanti islamici dalle carceri per screditare la ribellione. Successivamente alla nascita dell'ESL la cui data risale al 4 giugno 2011, quando viene registrata la prima vera incursione armata da parte di un gruppo di manifestanti contro specifici obiettivi militari, il 29 luglio 2011 a Istanbul viene proclamata la nascita del Consiglio Nazionale Siriano[6] il quale raggruppava i principali movimenti dell'opposizione interna ed esterna al regime del presidente Bashar Al-Assad e chiedeva alla comunità internazionale il riconoscimento come unico rappresentante dello Stato Siriano. Una caratteristica fondamentale di questo conflitto è infatti l'opposizione eterogenea, soprattutto quella interna.

Il Consiglio fu formato da 140 persone appartenenti ai gruppi che si opponevano al regime di al-Assad con lo scopo di organizzare, e offrire un punto di riferimento pubblico alle proteste; e di coordinare azioni politiche contro il governo siriano. Il Consiglio rifiutava l'intervento militare straniero ma chiedeva l'aiuto della comunità internazionale per proteggere la popolazione siriana contro la dittatura e la repressione. Sempre contro il regime di al-Assad, ma non al fianco del precedente

---

[6] P. M., and F. C. "SIRIA." *Oriente Moderno*, vol. 45, no. 7/9, 1965, pp. 630–38.

schieramento, si muovevano altri soggetti: la minoranza curda, le formazioni jihadiste, tra cui il Fronte al-Nusra (affiliato ad al-Qaeda), il Fronte Islamico e l'Esercito dei Mujaheddin.

Di conseguenza l'Esercito Siriano Libero diventò il braccio armato del Consiglio Nazionale Siriano, appoggiato dai Paesi occidentali (Stati Uniti, Francia, Arabia Saudita, Qatar e Turchia), ed iniziò a fronteggiarsi con gli schieramenti di al-Assad: le Forze Armate Siriane e la Forza Nazionale di Difesa, supportati da Russia e Iran a cui si aggiungevano varie brigate (tra cui la Brigata al-Abbas), Hezbollah e l'esercito iraniano (mediante il Corpo delle Guardie della Rivoluzione Islamica).

La guerra civile era ormai iniziata e la comunità internazionale si limitava ad esprimere una forte preoccupazione anche su un probabile intervento contro il regime in quanto la natura settaria del conflitto celava il rischio che a seguito di un'eventuale caduta del regime si sarebbe potuta favorire l'infiltrazione di movimenti terroristici. Questo permise ad Assad di recuperare alcuni territori perduti in mano ai ribelli. Sulla scia dell'antisionismo, Bashar al-Assad offrì supporto a due formazioni ufficialmente riconosciute come terroriste dalla NATO: Hamas (Palestina) ed Hezbollah (Libano). Il conflitto iniziava a destare preoccupazioni più tangenti da parte della comunità internazionale quando già a partire dal 2012 veniva denunciato l'impiego delle armi chimiche da parte delle parti in guerra, vietato dal Protocollo di Ginevra del 1925[7], il quale proibisce l'uso di tali armi nei conflitti fra i firmatari, e dalla Convenzione per la proibizione dello sviluppo, produzione, immagazzinamento e uso di armi chimiche e per la loro distruzione (CWC) del 1993[8]. Ciò indusse l'allora presidente statunitense Barack Obama ad annunciare un possibile intervento militare americano nel conflitto. Complice la pressione Russa e l'ultimatum statunitense il governo siriano cedette alla richiesta formale di investigazione da parte del Segretario generale delle Nazioni Unite sui suoi militari e l'utilizzo di armi chimiche durante un attacco avvenuto nel sobborgo di Khan al-Assal di Aleppo. La missione giunse a Damasco solo il 18 agosto 2013, e durante il summit G20 di Mosca nel settembre dello stesso anno, Russia e Stati Uniti conversero sulla necessità di stabilire un controllo sulle armi

---

[7] Protocollo concernente la proibizione di usare in guerra gas asfissianti, tossici o simili e mezzi batteriologici (1925)

[8] Convenzione sulla proibizione dello sviluppo, produzione, stoccaggio ed uso di armi chimiche e sulla loro distruzione (1993)

chimiche siriane. Il governo siriano Il 14 settembre approvò la CWC, con la promessa di adempiere in tempi brevi agli impegni previsti dalla Convenzione e iniziare le fasi del disarmo.

Con la distruzione dell'arsenale chimico siriano si può definire conclusa una prima fase del conflitto. Lo scenario si stabilizzò fino al 2014 quando entrarono in scena combattenti da diverse zone del mondo e in particolare l'ISIS, il quale attraverso il confine iracheno riuscì a conquistare Raqqa. A questo punto nel 2014 iniziarono ad intensificarsi gli interventi internazionali in nome di una Coalizione globale contro il DAESH/ISIS con Stati Uniti, Francia e Regno Unito, ma anche la Russia con lo scopo di debellare i jihadisti dalla regione dando il via ad intense operazioni militari che dureranno fino al 2017. L'intervento della Coalizione internazionale guidata dagli Stati Uniti strappò all'Isis la maggior parte delle zone di cui aveva preso il controllo, compresa la città a maggioranza curda di Kobane e la città di Raqqa, che il califfato aveva scelto come capitale in Siria. Invani furono i tentativi di porre fine al conflitto durante i colloqui di pace tra la Coalizione e il regime siriano alla Conferenza di Ginevra 2 nel 2014[9].

La Russia dal settembre 2015 intraprese una vasta azione militare contro gli oppositori del governo sotto richiesta di Assad, con pesanti bombardamenti aerei, lancio di missili e con truppe sul campo, la visione internazionale della Russia precipitò ulteriormente con l'occupazione della Crimea e l'inizio dei combattimenti nel Donbass. L'ostilità nei confronti del Cremlino da parte dei paesi occidentali rafforzò le relazioni tra Siria e Russia che ridussero drasticamente le collaborazioni con l'Organizzazione per la proibizione delle armi chimiche.

Il 30 settembre 2015 venne fatta partire l'operazione russa chiesta dal governo di Assad per dare manforte alle truppe governative nella riconquista di alcuni territori sottratti: Mosca avviò una campagna di bombardamenti aerei affermando di voler colpire i gruppi terroristi, ISIS e ribelli. Il 15 ottobre 2015 venne annunciata la nascita di una nuova formazione militare con il sostegno degli Stati Uniti: la Syrian Democratic Forces (SDF), una coalizione multietnica di combattenti curdi, arabi e cristiani. Tale coalizione era comandata dall'Unità di protezione popolare curda (YPG), istituita dai veterani del PKK e mirava a ottenere il riconoscimento internazionale sulla

---

[9] Basma Atassi, "Explaining the Geneva II peace talks on Syria", Al Jazeera, 2014

regione autonoma di Rojava, occupata dal popolo curdo ma che verrà respinta sia da Damasco che da Ankara. La decisione degli Stati Uniti di utilizzare l'YPG provocò un'escalation di tensioni tra Turchia e Stati Uniti e quindi nell'agosto 2016 la Turchia entrò in gioco al fianco dei ribelli lanciando un'operazione militare a partire dalla propria frontiera, colpendo i miliziani Isis, ma anche i combattenti curdi. Aleppo subì bombardamenti sistematici sia da parte dell'esercito di Assad che dagli alleati russi puntando soprattutto sulle strutture umanitarie che lavoravano per soccorrere le vittime. A dicembre 2016 i bombardamenti si intensificarono e a metà mese Aleppo est cadde e fu conquistata dall'esercito di Assad, mentre i ribelli mantennero il controllo di piccolissimi territori della città. Nella metà di dicembre 2016, il presidente turco Recep Tayyip Erdoğan il quale esercitava un ruolo importante dell'area del nord-ovest della Siria, chiese al presidente russo Vladimir Putin di evacuare la popolazione civile dalla città di Aleppo. Fu così che i due paesi decisero di intraprendere dei colloqui di pace sulla Siria, complementari a quelli di Ginevra, perseguendo la Risoluzione del Consiglio di Sicurezza dell'ONU n.2254 del 2015[10]. Fu stabilito che i colloqui sarebbero avvenuti ad Astana, in Kazakistan. Ebbe inizio un processo di pace tra ribelli e il governo di Assad (assieme ai rispettivi sostenitori ma senza gli Stati Uniti) che portarono alla Pace di Astana[11] nel 2017 la quale prevedeva la fine delle ostilità tra le parti presenti, escludendo quindi gli attacchi contro i gruppi terroristici. Ciò permise di avviare una fase di parziale tregua, ma nel nord del paese si continuava tuttavia a combattere contro l'Isis, in particolare nella città di Raqqa. Tra il 2017 e il 2018 il regime grazie ad una serie di offensive riuscì a riprendere possesso di tre delle quattro zone di *de-escalation* (zone di sicurezza) stabilite durante la pace di Astana: prima la Ghouta, poi le province di Homs e Hama, e infine il fronte meridionale nelle regioni di Daraa e Quneitra. L'opposizione e i civili vennero evacuati secondo accordi nel governatorato di Idlib, città nord-occidentale a confine con la Turchia, l'ultima sacca in mano all'opposizione. La posizione degli Stati Uniti, sotto la presidenza Trump risultava piuttosto emarginata dal forte ruolo assunto dalla Russia come mediatore nel conflitto e il 14 aprile 2018 Donald Trump, con l'appoggio dell'omologo

---

[10] ONU. Risoluzione 2254 (2015) del Consiglio di sicurezza sulla Siria, 18 dicembre 2015.
[11] Samer Abboud "Making peace to sustain war: the Astana Process and Syria's illiberal peace", *Peacebuilding*, 2021, 9:3, 326-343

francese Emmanuel Macron attaccarono le città di Damasco e Homs con una serie di bombardamenti aerei motivati dal presunto attacco chimico di Douma[12] di cui i paesi occidentali accusano Assad. L'attacco non fu autorizzato dalle Nazioni Unite e venne giustificato dalla necessità di bloccare i siti di produzione di armi chimiche siriani. In questo contesto gli attacchi sia del regime che dell'opposizione ripresero in maniera indiscriminata. Solo qualche mese più tardi in occasione del vertice di Sochi[13] venne siglato nel settembre 2018 da Erdogan e l'omologo Putin un accordo di un cessate il fuoco con lo scopo di agevolare i colloqui di Ginevra ma senza accennare alla rimozione di Assad dal potere. L'accordo prevedeva la creazione di una zona cuscinetto demilitarizzata di circa 15-20 chilometri nella provincia di Idlib. A seguito dell'accordo, il Ministero della Difesa turco annunciò la rimozione delle armi pesanti dall'area. Nel frattempo, le armate statunitensi e gli alleati della SDF erano riusciti a ridimensionare la presenza dell'ISIS sul territorio e l'SDF assumeva il controllo su un quarto del paese continuando l'avanzata attraverso offensive via terra. Nell'estate del 2018 le forze fedeli ad Assad, con una massiccia offensiva supportata dall'aviazione russa, riassunsero il controllo sulla maggior parte delle roccaforti ribelli e su ampie porzioni di territorio nel sud della Siria, le province meridionali di Daraa e di Quneitra.

Il 27 ottobre 2018 venne indetto a Istanbul un summit tra i leader di Turchia, Russia, Germania e Francia in cui il comunicato finale stabiliva un "appoggio all'integrità territoriale siriana" oltre che il sostegno ad un processo guidato dall'ONU per l'emanazione di una nuova Costituzione in Siria e al progressivo ritorno in patria dei profughi in modo sicuro e su base volontaria. Difatti, il coinvolgimento dei paesi europei era correlato all'enorme afflusso di profughi che li aveva investiti nel corso del conflitto.

La guerra civile entrò in una nuova fase quando Il 19 dicembre di quell'anno Trump annunciò che avrebbe ritirato le truppe statunitensi dal territorio siriano, questa mossa fu percepita immediatamente in maniera ostile da parte degli alleati turchi degli Stati Uniti in quanto il presidente turco Erdogan avrebbe ottenuto il lasciapassare dagli Stati Uniti per lanciare

---

[12] Sanders-Zakre, Alicia. "Chemical Attack Kills Dozens in Douma." *Arms Control Today* 48.4 (2018): 25-26.
[13] Salaymeh, Bilal, and Can Acun. "Sochi agreement: implications on the ground and upcoming challenges." *Seta Perspective* (2018).

un'operazione militare sulle zone settentrionali occupate dai curdi.

Solo in un secondo momento Trump annunciò che circa 500 marines sarebbero rimasti nel nord-est della Siria e nella base di Al-Tanf sulla frontiera siriana con l'Iraq e la Giordania, inoltre tale mandato non includeva le truppe dislocate nella sorveglianza dei giacimenti petroliferi.

Il 2019 si aprì di conseguenza con ulteriori violenti scontri tra le due principali componenti anti governative legate rispettivamente alla Turchia e ad Al Qaida presenti ad Idlib e nella zona occidentale di Aleppo. Durante l'estate le milizie di Assad supportate dagli alleati russi e iraniani lanciarono un'offensiva militare, denominata "Alba di Idlib", volta a riconquistare il governatorato di Idlib, rimasto fuori dal controllo governativo. Assad farà di nuovo uso delle armi chimiche sui civili. La Russia intervenne ad agosto per evacuare le unità dell'esercito turco rimarcando il suo posto di mediatore nel conflitto. A seguito di tali eventi si intensificarono i contatti tra le diplomazie di Mosca ed Ankara al fine di trovare un accordo sulla spartizione delle ultime aree controllate dai ribelli. Nell'ottobre 2019, tre giorni dopo il ritiro delle truppe americane dalla Siria nordorientale il presidente turco Erdogan avviò l'operazione militare contro i territori della regione del Rojava, dove si trovavano i ribelli curdi. L'obiettivo di Erdogan era quello di creare una zona cuscinetto di circa 30 km nella Siria settentrionale per favorire il rimpatrio dei profughi siriani in Turchia.

A dicembre, il regime e i suoi alleati avanzarono a Idlib dove le forze di Assad assediarono e bombardarono le ultime ridotte dei ribelli nel nord-ovest della Siria portando a termine la seconda fase dell'offensiva avviata durante l'estate che prese quindi il nome di Alba di Idlib 2.

Dopo un tentativo fallito a gennaio 2020 di cessate il fuoco portato avanti da Russia e Turchia, l'esercito arabo siriano rinnovò la sua offensiva da terra nella Siria occidentale, arrivando a conquistare il territorio strategico lungo l'autostrada M5 che univa Aleppo ad Hama con massicci attacchi aerei. In questo contesto le ostilità tra il regime e i turchi vanno ad intensificarsi anche a causa dell'uccisione di truppe turche in combattimento diretto. Un nuovo accordo di cessate il fuoco venne stipulato a marzo tra Mosca e Ankara e i combattimenti nonostante le violazioni dell'accordo furono ridimensionati.

Il cessate il fuoco del 2020 ha posto fine alla violenza nel nord-ovest controllato dalla Turchia, mentre il regime ha mantenuto il controllo della maggior parte del resto del paese con l'aiuto di Russia e Iran. Allo stesso tempo, Israele ha aumentato gli attacchi in Siria nei confronti delle milizie legate all'Iran, incluso Hezbollah.

La Siria si è resa territorio di prova di qualunque violenza e orrore, la guerra civile da protesta per maggiori riforme democratiche si è trasformata in una battaglia geopolitica per il dominio dove attori internazionali e gruppi terroristici hanno sfruttato l'instabilità civile e politica per i loro interessi. Questo ha complicato gli sforzi per una risoluzione del conflitto da cui il paese, a prescindere da risultati, uscirà in condizioni drammatiche a causa dell'elevato tasso di povertà e l'aggravamento delle condizioni di vita dovute anche al violento terremoto di magnitudo 7,8 avvenuto nel febbraio 2023 e che ha colpito la parte settentrionale della Siria e la confinante Turchia.

IV. Prospettive attuali

La Siria ancora oggi è frastagliata e contesa dalle diverse forze d'opposizione al regime: la regione settentrionale è suddivisa a ovest tra esercito turco e miliziani vicini alla Turchia, mentre l'area centro-orientale è occupata dai miliziani dell'SDF, ed è controllata da Stati Uniti e in larga parte dalla Russia in virtù della zona cuscinetto creata con la Turchia. Il resto del paese, da Aleppo a Damasco è controllato dalle forze lealiste ad esclusione di alcune zone al centro del paese dove si registra la presenza di jihadisti.

Il conflitto siriano, aggravato dalle catastrofi naturali che hanno colpito il paese ha provocato almeno 12 milioni di sfollati, ma il terremoto ha ulteriormente allontanato il leader siriano dall'idea di una resa definitiva.

L'ostracismo nei confronti del regime di Assad si è infatti manifestato con una risposta umanitaria meno immediata rispetto a quella ricevuta dalla vicina Turchia e attraverso cui le potenze internazionali speravano di fare pressione sul leader verso una risoluzione del conflitto. Tuttavia i canali usati tradizionalmente dall'ONU istituiti dal 2014, che attraversavano il sud della Turchia, erano bloccati a causa del terremoto e dalla neve così come i principali aeroporti Turchi erano inagibili e l'unico valico di frontiera utilizzabile in virtù degli accordi con la Siria era quello di Bab al Hawa dove però era attivo il gruppo jihadista Hayat Tahrir al Sham (HTS)[14], ritenuto un gruppo terroristico dall'ONU. Senza l'assistenza turca nel garantire la sicurezza degli ingressi, gli arrivi umanitari dal nord hanno tardato ad arrivare, mentre il governo siriano ha ricevuto aiuti internazionali soprattutto dalla Russia, Emirati Arabi Uniti, Iraq, Iran e Algeria.

Il governo siriano si è molto lamentato dell'indisponibilità dei paesi occidentali di allentare le sanzioni in questo contesto ma anche in quei giorni non ha interrotto i bombardamenti contro i ribelli. Inoltre già in passato il governo siriano ha sfruttato gli aiuti umanitari per ricattare le popolazioni che abitano nelle città controllate dai ribelli, dove vivono circa 4 milioni di persone in grave difficoltà, per spingerle ad arrendersi o a fare concessioni nella guerra.

Già negli anni precedenti Assad aveva più volte accusato l'ONU di violare la sua autorità inviando aiuti e risorse ai ribelli che vivono nel nord. Assad pretendeva maggiore controllo su questi corridoi e quindi a luglio 2023 la Russia ha fatto fallire il rinnovo del precedente accordo ponendo un veto al Consiglio di Sicurezza ONU bloccando quindi la macchina degli aiuti nel nord-ovest siriano. A seguito di questa astuta operazione, Assad è tornato a controllare il passaggio degli aiuti umanitari ai confini con la Turchia e qualche giorno dopo ha approvato il passaggio degli aiuti ONU attraverso un unico passaggio di frontiera: quello di Bab al Salam, in cui si consente il passaggio degli aiuti dai valichi per sei mesi a condizione che vengano rispettati la piena cooperazione e coordinamento con il governo. Che sia questo un passo decisivo verso la normalizzazione delle relazioni con Ankara e con la comunità occidentale è difficile dirlo ma per il momento Assad è l'unico vincitore della sua guerra, dopo che a maggio è stato riammesso all'interno dell'Organizzazione della Lega Araba. La Lega aveva sospeso l'adesione della Siria alla fine del 2011, quando nonostante le false promesse del regime di adottare i piani suggeriti per la risoluzione del conflitto, Assad ha continuato a intensificare la violenza contro i manifestanti. Ciò ha causato un lungo isolamento politico del paese, sostenuto esclusivamente dagli alleati militari Russia e Iran e dagli alleati

---

[14] Yashlavskii, Andrei. "Hayat Tahrir Al-Sham in the Syrian Conflict: Metamorphosis of the Terrorist Group." *Mirovaia Ekonomika i Mezhdunarodnye Otnosheniia* 66, no. 2 (2022): 51-60

non statali come Hezbollah. Gli stati arabi ritengono che le sanzioni occidentali non abbiano sortito alcun effetto sugli esiti del conflitto e per questo motivo hanno deciso di fare un passo indietro sul tentativo di cacciare Assad. L'impotenza della Lega Araba nel corso del conflitto è riconducibile alle divergenze con il regime di Assad e allo stesso tempo dalla presenza militare sul territorio di Stati Uniti e Turchia e dall'intervento di Russia e Iran che ridimensionano la sua capacità d'azione e impediscono al governo di riassumere il controllo dell'intero territorio siriano. La diffidenza nei confronti delle sanzioni occidentali ha quindi condotto i paesi della Lega Araba ad una normalizzazione delle relazioni con Assad la cui sopravvivenza dipenderebbe però da almeno tre fattori esogeni: la fine delle azioni militari nelle porzioni di territorio occupate dai curdi e dalle opposizioni islamiste previsto dai colloqui di Astana, il proseguimento dei negoziati con la Turchia e l'appoggio politico, diplomatico, economico e militare fornito dai paesi alleati di Damasco.

Quindi la riammissione della Siria all'interno dell'organizzazione degli Stati arabi del Golfo non ha apportato grossi benefici e oggi questi stati arabi esercitano meno influenza rispetto ad altre potenze straniere che mantengono sanzioni, hanno una presenza militare sul terreno o entrambe le cose.

Quando a maggio i paesi arabi hanno riammesso la Siria nella Lega degli Stati arabi, sembrava che il regime del presidente Bashar al-Assad avesse portato a termine con successo un tentativo di riabilitazione dopo anni di brutale repressione dei suoi oppositori, ma in realtà la situazione politica ed economica del paese è invariata, caratterizzata da una continua instabilità e messa in crisi dalle proteste emergenti anche nel sud del Paese, in particolare nella città di Sweida. Sweida è abitata per la maggior parte da drusi, una minoranza religiosa di derivazione musulmana e sciita, che dall'inizio della guerra in Siria nel 2011 hanno cercato di non essere coinvolti nel conflitto. In questi anni i loro capi religiosi, per esempio, si sono rifiutati di autorizzare l'arruolamento nell'esercito dei propri seguaci e ciò rende le proteste antigovernative ancora più importanti nel contesto di una popolazione che si è mantenuta per lungo tempo "neutrale".

Dal settembre 2023 le ostilità si sono intensificate nel nord-ovest della Siria, con continui bombardamenti e attacchi aerei che hanno colpito obiettivi civili e infrastrutture critiche, tra cui la principale centrale elettrica nella città di Idlib, scuole, strutture sanitarie, campi per sfollati, mercati e moschee. Nel nord-ovest i combattimenti si sono attenuati e le ostilità tra Hayat Tahrir al-Sham e il regime sono gradualmente rientrate. Tuttavia, l'11 novembre sono continuati gli attacchi aerei russi nella provincia di Idlib, il regime ha continuato a bombardare a sud dell'autostrada M5 e sono continuati i sospetti attacchi di droni suicidi dell'HTS contro le postazioni dell'esercito.

V.   Valutazioni conclusive

Bashar al-Assad è quindi considerato il vincitore della guerra civile siriana, affiancato da Russia, Cina, Corea del Nord, Iran ed Egitto mantiene i suoi governatorati e non appresta a cedere a concessioni nei confronti dei suoi oppositori interni. Intanto il paese rimane estremamente fragile sotto tutti i punti di vista, economico, politico e sociale. Il lungo conflitto, la crisi economica e successivamente la pandemia da COVID-19 seguita dalla guerra in Ucraina non hanno fatto altro che trascinare il paese in condizioni sempre peggiori. La lira siriana subisce continue svalutazioni rispetto al dollaro e questo causa un innalzamento dei prezzi per i beni essenziali, innalzando l'inflazione e conducendo un maggior numero di persone in povertà.

Il settore petrolifero siriano è bloccato al 2011 in quanto prima del conflitto il petrolio veniva raffinato in Europa una volta esportato, ma a causa delle sanzioni occidentali questo non è più avvenuto e la maggior parte delle infrastrutture energetiche sono state bombardate e danneggiate. Nonostante la normalizzazione delle relazioni diplomatiche con i paesi arabi, gli investitori stranieri legati ai governi dei paesi del Golfo mantengono un notevole grado di scetticismo riguardo alle prospettive di investimento nel paese.

L'altra grave questione è quella riguardante il rimpatrio dei rifugiati e sfollati interni. Agli oltre 6,8 milioni di sfollati in Siria, si aggiungono 5,4 milioni di rifugiati nei paesi limitrofi[15] che a causa della continua instabilità in cui riversa il paese fanno fatica a considerare un ritorno in patria.

Il presente lavoro è stato possibile attraverso una ricerca su software bibliografici, basandosi sui dati forniti dalle istituzioni

---

[15] UNICEF, 2023

preposte quali ONU, UNHCR, Banca Mondiale, UNICEF e dalle ONG che hanno operato sul territorio.

Con il presente si sono voluti delineare i quarant'anni del regime della famiglia Assad in Siria che hanno portato il paese ad una totale frammentazione interna, livelli di povertà altissimi, insicurezza alimentare e sanitaria. Tuttavia, l'obiettivo del regime sembra essere stato raggiunto ma adesso occorre un appoggio concreto dei suoi alleati in merito ad un ingente investimento per la ricostruzione del paese e per far ripartire la sua economia.

Bibliografia

"Costituzione Della Federazione Delle Repubbliche Arabe." *Oriente Moderno* 51, no. 9 (1971): 679-686. http://www.jstor.org/stable/25815664.

"Il Trattato Di Pace Fra Egitto E Israele." *Rivista Di Studi Politici Internazionali* 46, no. 2 (1979): 297-317. http://www.jstor.org/stable/42734374.

Abboud, Samer. "Making Peace to Sustain War: The Astana Process and Syria's Illiberal Peace." *Peacebuilding* 9, no. 3 (2021): 326-343.

Adams, Simon. *Failure to Protect: Syria and the UN Security Council,* 2015. https://www.globalr2p.org/wp-content/uploads/2020/07/syriapaper_final.pdf.

Alkaff, Syed Huzaifah Bin Othman, and NurulHuda Binte Yussof. "An Overview of the Syrian Conflict." Counter Terrorist Trends and Analyses 8, no. 8 (2016): 8–11. http://www.jstor.org/stable/26351442.

Alkaff, Syed Huzaifah Bin Othman and NurulHuda Binte Yussof. "An Overview of the Syrian Conflict." *Counter Terrorist Trends and Analyses* 8, no. 8 (2016): 8-11. http://www.jstor.org/stable/26351442.

Basma Atassi, "Explaining the Geneva II peace talks on Syria", Al Jazeera, 2014

Deola, Roberto, "Costituzione Definitiva Della Repubblica Araba Siriana (31 Gennaio 1973)." *Oriente Moderno* 53, no. 3 (1973): 185-195. http://www.jstor.org/stable/25815909.

Khashanah, Khaldoun. "The Syrian Crisis: A Systemic Framework." *Contemporary Arab Affairs* 7, no. 1 (2014): 1-21.

Kotan, Bilge N. "A Brief History of Peace Attempts and Failures in Syria.". Accessed Dec 6, 2023. https://www.trtworld.com/mea/a-brief-history-of-peace-attempts-and-failures-in-syria-21155.

Maura, Parisi. "La Transizione in Siria. Tra Retorica E Riforme."Università degli studi di Trieste, 2010. https://www.openstarts.units.it/server/api/core/bitstreams/5fcb d2e7-4569-4424-a8a2-2cb4c2508c14/content.

ONU. Risoluzione 2254 (2015) del Consiglio di sicurezza sulla Siria. 18 dicembre 2015

Salaymeh, Bilal and Can Acun. "Sochi Agreement: Implications on the Ground and Upcoming Challenges." *Seta Perspective* (2018).

Sanders-Zakre, Alicia. "Chemical Attack Kills Dozens in Douma." *Arms Control Today* 48, no. 4 (2018): 25-26.

Paccione, Giuseppe. *L'Intervento Americano in Siria E Il Divieto Dell'Uso Della Forza Nelle Relazioni Internazionali.* Diritto.It. 2017. https://www.diritto.it/lintervento-degli-stati-uniti-la-siria-divieto-delluso-della-forza-nelle-relazioni-internazionali/.

Patrick, Stewart. *Stability, Coexistence, and the Reduction of Violence*: Carnegie Endowment for International Peace, 2023. http://www.jstor.org/stable/resrep53108.5.

Tonini, Alberto and Marcella Simoni. *Realtà E Memoria Di Una Disfatta: Il Medio Oriente Dopo La Guerra Dei Sei Giorni* Firenze University Press, 2010.

Yashlavskii, Andrei. "Hayat Tahrir Al Sham in the Syrian Conflict: Metamorphosis of the Terrorist Group." *Mirovaia Ekonomika i Mezhdunarodnye Otnosheniia* 66, no. 2 (2022): 51-60

__Flora Stanziola__, originaria dell'Isola d'Ischia e affascinata dalle lingue e dinamiche culturali comunicative, ha conseguito nel 2018 il titolo di Dott.ssa in Discipline per la Mediazione linguistica e culturale.

Guidata da un forte interesse per le dinamiche globali, dopo alcune esperienze all'estero e nel settore turistico, ha coniugato agli studi linguistici un percorso di studi in relazioni internazionali iscrivendosi nel 2020 al corso di laurea in Politiche per la Cooperazione Internazionale allo Sviluppo e conseguendo la laurea magistrale nel dicembre 2022.

Negli ultimi due anni coltivando l'interesse per le tematiche relative alla tutela dei diritti umani si è dedicata alla stesura di articoli su contesti nazionali e internazionali con un'attenzione particolare ai temi di suo interesse quali, sviluppo, migrazioni, tutela dei diritti umani a livello internazionale.

Asia - Pacifico

Luci e Ombre. Un'analisi dell'agenzia di intelligence nord coreana

Giulia Rossi

"Con un'intensa tecnologia dell'informazione e della comunicazione e il coraggioso RGB con i suoi [cyber] guerrieri, possiamo superare qualsiasi sanzione al fine di costruire una nazione forte e prospera".

Questo è l'annuncio che Kim Jong-Un fece nel 2013 quando visitò le unità informatiche del Reconnaissance General Bureau. Questa dichiarazione implica l'utilizzo di cyber guerrieri, come mezzo di intelligence, che perseguono un ambito operativo più ampio rispetto alle tradizionali agenzie di intelligence; ma come è arrivata fin qui l'agenzia di intelligence nordcoreana?

Questo paper analizza l'evoluzione della struttura, dei metodi di raccolta dati e degli scopi principali dell'agenzia di intelligence della Corea del Nord, dividendo gli argomenti in paragrafi seguendo una sequenza temporale storica. Questo elaborato, quindi, si propone di esplorare sia la natura che le caratteristiche dell' agenzia di intelligence nordcoreana, evidenziando anche il ruolo delle attività illecite perpetrate dal Reconnaisse General Bureau (RGB). Quale strada ha intrapreso l'agenzia di intelligence nord coreana? Quali sono i suoi obiettivi? E, cosa più importante,che ruolo hanno le attività illecite in tutto questo?

Queste sono le domande di ricerca che ci si è posti durante la stesura di questo manoscritto.

Parole chiave: RGB, ANSP, Corea del Nord, Corea del Sud, Intelligence

I. Introduzione

Alla fine della Seconda Guerra Mondiale, tra il 9 e il 12 settembre 1945, Dean Rusk e Charles Bonn Till, con l'approvazione di Harry S. Truman e successivamente di Stalin, crearono una mappa che divideva la penisola coreana in due diverse aree di influenza, con una linea di demarcazione al 38° parallelo. Questo evento segnò la prima divisione della Penisola che fu confermata nel 1948, quando si tennero le elezioni che fondarono ufficialmente due stati indipendenti: la Repubblica di Corea, governata da Syngman Rhee, sostenuto dagli Stati Uniti; e la Repubblica Popolare Democratica di Corea, amministrata da Kim il-Sung, ex ufficiale militare dell'Unione Sovietica.

In questo paper, seguendo una linea temporale storica, si analizza come, in concomitanza con l'evoluzione della struttura dell'agenzia di intelligence nordcoreana, si siano evoluti anche i suoi metodi di raccolta e il suo campo d'azione che ora comprende una vasta gamma di attività criminali e terroristiche. Infatti, l'RGB[1], come il suo predecessore, "è ritenuto responsabile di una serie di attentati, tentativi di omicidio, dirottamenti e rapimenti a partire dalla fine degli anni '50, nonché di una litania di attività criminali, tra cui il contrabbando e la produzione di droga, la contraffazione, gli attacchi informatici distruttivi e altro ancora"[2].

II. Discipline dell'Intelligence

Come affermato da Abram N. Shulsky e Gary J. Schmitt, il termine "intelligence" viene applicato a certi tipi di categorie come l'informazione, le attività e le organizzazioni. "Come attività, l'intelligence implica la raccolta, [l'] analisi di informazioni [... e tutte le...] attività intraprese per contrastare le attività di intelligence degli avversari, negando loro l'accesso

---

[1] Reconnaissance General Bureau, agenzia di intelligence nord coreana odierna

[2] Recorded Future, Rapporto sull'attività informatica della Corea del Nord, registrato il gruppo di insikt futuri

alle informazioni o ingannando sui fatti o sul loro significato"[3]. La raccolta di dati grezzi, comunemente chiamata disciplina dell'intelligence, può essere suddivisa nella raccolta effettuata attraverso fonti umane, nota come Human Intelligence Collection (HUMINT) o attraverso un gruppo di tecniche che utilizzano tecnologie avanzate, piuttosto che agenti per raccogliere informazioni, la Technical Intelligence Collection (TECHINT). Considerando che il TECHINT è composto da varie tecniche, qui è stata ricercata solo la Signal Intelligence (SIGINT), attualmente adottata dal servizio di intelligence della Repubblica popolare democratica di Corea, che è "il termine generico dato al processo di derivazione dei informazioni di intelligence dalle onde elettromagnetiche intercettate, generalmente indicate come segnali".[4] Infatti, "qualsiasi onda elettromagnetica, emessa sia come parte necessaria che come sottoprodotto del funzionamento di un'apparecchiatura elettrica, è soggetta ad intercettazione da parte di un ricevitore correttamente posizionato, sintonizzato e sufficientemente sensibile".[5] In questo articolo, prenderò in considerazione solo HUMINT e SIGINT. Queste due, sono le capacità impiegate dalle agenzie di intelligence coreane durante le loro attività.

III. Kim Il-Sung

Nell'immediato dopoguerra l'Unione Sovietica, dopo l'instaurazione di un regime comunista nella parte settentrionale della penisola, "fornì addestramento ed equipaggiamento SIGINT al nascente Ministero degli Affari Interni e all'Ufficio di Ricognizione della nazione emergente".[6] In un discorso dell'ottobre 1966 al Secondo Congresso del Partito dei Lavoratori Coreano, Kim Il-Sung pose le basi per i futuri sviluppi della guerra tattica elettronica, affermando come si debba sviluppare e introdurre la scienza e la tecnologia militare in conformità con la realtà del paese e incorporare correttamente le armi vecchio stile insieme alle armi moderne.

---

[3] Abram N. Shulsky & Gary James, Smith, *Guerra silenziosa: comprendere il mondo dell'intelligence*, (Washington: Brassey's US), 14.

[4] ibid., 42.

[5] ibid.

[6] Joseph Bermudez, *SIGINT, EW e EIW nell'esercito popolare coreano: una panoramica dello sviluppo e dell'organizzazione*,.236

In base a ciò, sono stati avviati nuovi sforzi per sviluppare le capacità SIGINT e EW all'interno dell'Esercito Popolare Coreano e, anche se le operazioni SIGINT durante la guerra del Vietnam e la guerra arabo-israeliana del 1978 sono state ampiamente studiate, "non è stato fino alla metà degli anni '80 che il governo ha avviato un ampio sforzo per migliorare queste capacità"[7]. Rispetto alle capacità SIGINT, che hanno richiesto più di 30 anni per essere concepite, le operazioni HUMIT sono emerse abbastanza rapidamente; infatti nei primi anni '60 il Grande Leader, Kim Il-Sung, intraprese la creazione del Dipartimento Operazioni, dell'Ufficio No.35 e del Reconnaissance Bureau. Mentre il Dipartimento delle Operazioni era incaricato di addestrare le unità che avrebbero combattuto nel caso in cui la Corea del Nord avesse avviato un'azione militare contro la Corea del Sud; l'Ufficio No. 35, era responsabile della raccolta di informazioni esterne e della conduzione di operazioni all'estero. D'altra parte la missione primaria del Reconnaissance Bureau era la raccolta di informazioni tattiche e strategiche; e le operazioni speciali strategiche in tutta la Repubblica di Corea e all'estero. Al contempo, il suddetto Dipartimento Operativo, aveva altresì il compito centrale di addestrare gli agenti nordcoreani incaricati di entrare segretamente in Corea del Sud, Giappone e altri paesi con l'esplicito scopo di condurre attività come rapimenti e omicidi. Considerando ciò, è evidente che già nei primi anni '60 l'agenzia di intelligence della Corea del Nord perseguiva un ambito operativo più ampio rispetto alla maggior parte degli altri servizi di intelligence, conducendo anche operazioni terroristiche clandestine. Un esempio di ciò può essere il tentato attentato dinamitardo ai danni del presidente sudcoreano Park Chun Doo-hwan il 9 ottobre 1983; quando una piccola squadra dell'intelligence nordcoreana ha fatto esplodere una bomba a un meeting in Myanmar. Nell'ultima parte della leadership di Kim Il-Sung, il Dipartimento Operativo è stato anche presumibilmente coinvolto nel rapimento di dodici cittadini giapponesi nella Corea del Nord con l'intenzione di insegnare la lingua agli agenti nordcoreani destinati a infiltrarsi in Giappone. Come accennato in precedenza, mentre si parla del più ampio ambito operativo dell'Agenzia di Intelligence della Corea del Nord, è essenziale menzionare anche la loro presunta responsabilità in una litania di attività criminali sponsorizzate dallo stato, tra cui un programma di contrabbando e produzione

---

[7] Joseph Bermudez, *SIGINT, EW e EIW nell'esercito popolare coreano: una panoramica dello sviluppo e dell'organizzazione,*.236

di droga dalla metà degli anni '70. "Questa vasta impresa è stata sostenuta dal [...] servizi di intelligence [...] e ha spesso incluso la collaborazione con organizzazioni criminali come la banda taiwanese United Bamboo, i sindacati criminali filippini e il crimine organizzato giapponese"[8]. "La ricerca accademica indica che la Corea del Nord ha sviluppato vaste reti e capacità di contrabbando segrete principalmente per fornire un mezzo di valuta forte al regime di Kim"[9]. La Corea del Nord, ancora oggi, coltiva attivamente il papavero da oppio e produce più di 50 tonnellate di oppio grezzo all'anno.

IV. Kim Jong-Il

Dal 1994 il leader supremo della Corea del Nord è diventato Kim Jong-Il, figlio di Kim Il-Sung, che ha fondato diversi istituti di ricerca per lo sviluppo di software informatici a Pyongyang e il Ministero dell'Industria Elettronica; entrambi essenziali per il successo delle operazioni SIGINT, EW e EIW[10]. Mentre venivano perseguite operazioni per lo sviluppo delle capacità del SIGINT, "l'organizzazione dell'intelligence e della sicurezza interna della Corea del Nord ha subito numerosi cambiamenti, la maggior parte dei quali progettati per garantire il potere e la posizione di Kim Jong-Il e per affrontare i crescenti livelli di disordini e corruzione all'interno della popolazione civile e militare".[11] La drammatica riorganizzazione del 2009 sembra aver unificato tutti i servizi di intelligence e di sicurezza interna direttamente sotto la Commissione di Difesa Nazionale (NDC) e, inoltre, assicurato la posizione di Kim Jong-un, come successore di suo padre. I cambiamenti organizzativi del 2009-2010 hanno fuso il Dipartimento Operativo e l'Ufficio No.35, che erano guidati dal Segretariato del Partito dei Lavoratori Coreano, con l'Ufficio di

---

[8] David Ibison, *La nave spia di Pyongyang rivela un oscuro segreto: le prove provenienti dalla nave suggeriscono che la Corea del Nord sta lavorando con bande criminali per distribuire droga in Giappone,* 12

[9] Recorded Future, *Rapporto sull'attività cibernetica della Corea del Nord,* 12

[10] Joseph Bermudez, *SIGINT, EW e EIW nell'esercito popolare coreano: una panoramica dello sviluppo e dell'organizzazione,* 243

[11] Joseph Bermudez, *38° RAPPORTO SPECIALE DEL NORD: UNA NUOVA ENFASI SULLE OPERAZIONI CONTRO LA COREA DEL SUD,*2

Ricognizione, che era subordinato al Ministero delle Forze Armate Popolari, creando il Reconnaissance General Bureau (RGB). Istituzionalmente, l'RGB era subordinato al Ministero delle Forze Armate Popolari, anche se, a quanto pare, riferiva direttamente al Vice Presidente Generale del Comitato di Difesa Nazionale; che, nel 2009-2010 era O Kuk-ryol, fidato seguace di Kim Jong-il, che ha svolto un ruolo fondamentale nelle operazioni di intelligence anti-ROK. L'RGB è stato quindi organizzato in sei diversi Headquarters. Il primo era l'ex Dipartimento delle Operazioni, responsabile dell'addestramento degli agenti dell'intelligence, dell'addestramento della scorta e delle operazioni di rapimento "intese a garantire persone che servissero come istruttori linguistici e culturali per gli agenti nordcoreani e per consentire agli agenti precedentemente addestrati di assumere l'identità della vittima".[12] Il secondo quartier generale era l'ex Reconnaissance Bureau, che era presumibilmente responsabile di numerose operazioni anti-ROK e svolgeva un ruolo importante nel programma di assistenza militare estera. Il terzo quartier generale era l'ex Ufficio n. 35, responsabile della raccolta di informazioni all'estero e della conduzione delle operazioni all'estero; mentre il quinto quartier generale raccoglieva informazioni sugli affari inter coreani e sui disertori. Analizzando questi primi quartier generali dell'RGB, appare chiaro che la HUMINT era ancora una parte importante della struttura di intelligence sotto il governo di Kim Jong-Il; mentre la SIGINT, come indicato all'inizio del presente paragrafo, era ancora in fase di sviluppo; in effetti c'era solo un quartier generale, il sesto, che si occupava del SIGINT e della Guerra Elettronica. Missioni primarie del ristrutturato apparato di intelligence, così come affermato da Kim Jong-Il, erano: "raccogliere e diffondere attivamente informazioni tempestive e accurate riguardanti ogni possibile minaccia politica, militare o economica alla sicurezza della nazione; ai vertici politici e militari; e la sovversione della Repubblica di Corea. Le missioni secondarie includono l'acquisizione palese e segreta di tecnologie e attrezzature militari e civili straniere, il sostegno agli obiettivi di politica estera della RPDC, l'addestramento e il sostegno alle organizzazioni rivoluzionarie e terroristiche straniere e l'acquisizione di capitali stranieri per operazioni statali e d'intelligence".[13] In aggiunta, è evidente che il

---

[12] ibid.

[13] Joseph Bermudez, *SIGINT, EW e EIW nell'esercito popolare coreano: una panoramica dello sviluppo e dell'organizzazione*, 263

dipartimento ha organizzato una vasta gamma di operazioni illegali in tutto il mondo, tra cui: contraffazione e riciclaggio di denaro, produzione e vendita di stupefacenti e contrabbando e vendita di beni di lusso e armi. In tal modo, ha ottenuto l'accesso a grandi quantità di valuta estera.[14] Una nuova impresa criminale di cui si è ampiamente parlato è stata la produzione di banconote contraffatte, quindi le banconote da cinquanta e cento dollari: che, secondo un articolo del New York Times, è stata supportata sia dallo Stato che dall'apparato di intelligence. Analogo schema è stato seguito anche per la produzione di stupefacenti, anche se la Corea del Nord ha sempre negato il coinvolgimento in qualsiasi operazione illegale.

V. Kim Jong-Un

"Se Internet è come una pistola, gli attacchi informatici sono come le bombe atomiche"; e "la guerra moderna è decisa dalla condotta della guerra elettronica", quindi "le unità informatiche sono la mia forza distaccata e il mio potere di riserva".[15] Questa è stata la dichiarazione dell'ex leader nordcoreano Kim Jong-Il nel 2005, sottolineando l'importanza di costruire capacità informatiche. Questo è ciò che Kim Jong-Un, l'attuale leader nordcoreano, sta facendo dall'inizio del suo governo, quando ha dichiarato: "La guerra cibernetica è una spada multiuso che garantisce alle forze armate popolari nordcoreane una spietata capacità di attacco, insieme alle armi nucleari e ai missili"[16] Seguendo le visioni di suo padre, Kim Jong-Un ha adottato la linea *Buyngjin*, che mira allo sviluppo simultaneo del nucleare e dell'energia economica. Inoltre, il nuovo leader ha aggiunto, nei suoi primi anni di potere, la tecnologia dell'informazione e della comunicazione (ICT) nel curriculum degli studenti delle elementari di quarta elementare e oggi l'Università Kim Il-sung e l'Università di tecnologia Kim Chaek sono le migliori università di Pyongyang per formare informatici e tecnici. Di conseguenza, la Corea del Nord ha creato un "esercito" di circa 6.800 specialisti di guerra informatica addestrati, in conformità

---

¹⁴ ibid.
¹⁵ Ji-Young Kong, Lim Jong In, & Kim Kyoung, Gon, *La spada multiuso: le operazioni e le strategie informatiche della Corea del Nord*, 2
¹⁶ Jason Bartlett, *Perché la Corea del Nord è così brava nel crimine informatico?*

con i dati del Ministero della Difesa Nazionale della Repubblica di Corea nel 2018, che lavorano nell'RGB e nel Dipartimento di Stato Maggiore, utilizzando le capacità SIGINT per perseguire gli attacchi informatici. "Il rafforzamento delle capacità informatiche è un prodotto del pensiero strategico di Pyongyang preparato per una nuova era. In particolare, serve ai tre obiettivi strategici di Pyongyang: compensare le inferiori capacità militari convenzionali della Corea del Nord; causare disagi sociali nei terreni degli avversari con pochi costi e pochi rischi di ritorsioni; generare entrate nell'ambito di regimi sanzionatori".[17] In breve, per il regime nordcoreano le operazioni informatiche sono a basso rischio e convenienti, con rendimenti solitamente elevati, considerando i bassi ostacoli all'ingresso.

Sotto il governo di Kim Jong-Un la struttura dell'intelligence nordcoreana ha subito alcuni cambiamenti; infatti il Reconnaissance General Bureau che era subordinato al Ministero delle Forze Armate Popolari, anche se, a quanto pare, riferiva direttamente al Comitato di Difesa Nazionale, ora è in relazione, direttamente con la Commissione per gli Affari di Stato (SAC). il cui presidente è lo stesso Kim Jong-Un. "Dal momento che il SAC incarica l'RGB con le attività terroristiche, clandestine e illecite della Corea del Nord, e l'RGB conduce questi compiti indipendentemente dall'esercito convenzionale della Corea del Nord (l'EPC), studi precedenti hanno suggerito che la Corea del Nord vede le capacità informatiche come estesi oltre le risorse militari".[18] In accordo con ciò, è notevole che la litania di attività illecite che sono state menzionate negli altri paragrafi, non solo sono ancora presenti nel regime di Kim Jong-Un, ma sono in aumento e ora sono completamente mescolate, con le regolari operazioni di cyber intelligence condotte dai guerrieri cibernetici, supportati sia dalla RGB che dal SAC. quindi fondamentalmente dallo Stato. Infatti, Headquarters era ed è tuttora diviso, il RGB, che stanno ancora svolgendo operazioni di intelligence basate sulla HUMINT, è stato creato il Bureau 121, che "è l'ufficio principale incaricato di operazioni informatiche dirompenti, come l'infiltrazione

---

[17] Min-hyung, Kim,"North korea's cyber capabilities and their implications for international security." *Sustainability* 14, no. 3 (2022): 4

[18] Ji-Young Kong, Lim Jong In, & Kim Kyoung, Gon, *La spada multiuso: le operazioni e le strategie informatiche della Corea del Nord*, 2

nelle reti informatiche, l'hacking per estrarre informazioni straniere e la distribuzione di virus sulle reti informatiche avversarie"[19] Nel Bureau 121 lavorano hacker sponsorizzati dallo stato, generalmente classificati dal governo degli Stati Uniti come Hidden Cobra, termine generico che si riferisce a tutte le attività informatiche dannose del governo nordcoreano, che comprende vari gruppi tra cui quello Lazarus. Rispetto alla struttura di intelligence che era presente sotto la guida di Kim Jong-Il, è stato aggiunto un nuovo dipartimento, quello di Stato Maggiore, che ha come obiettivo primario quello di "integrare gli strumenti emergenti e le armi di capacità cibernetiche nella strategia di guerra della Corea del Nord"[20]. Il 3 gennaio 2021 è stata creata una nuova unità cibernetica, che, a differenza di tutte le altre, riferiva direttamente a Kim Jong-Un, Bureau 325, la cui unica missione era quella di rubare la ricerca e i dati sui vaccini COVID-19.

VI. Conclusioni

Per concludere è necessario ribadire che, come abbiamo visto, la Corea del Nord, prima di sviluppare rilevanti capacità cibernetica, ha ottenuto la maggior parte della sua intelligence da fonti umane, inviando spie a vivere all'interno delle Nazioni bersaglio, in particolare Corea del Sud e Giappone, utilizzando false identità per raccogliere informazioni da riferire al regime. Oggi l'RGB ha ancora il quartier generale basato sulle capacità HUMIN; tuttavia, il regime fa molto affidamento sullo spionaggio informatico per fornire capacità di raccolta di informazioni. In concomitanza con i cambiamenti strutturali dell'Agenzia di Intelligence, si è modificato il mando dell'Agenzia; ora, infatti, vi è una miscela omogenea di criminalità, terrorismo e intelligence all'interno del Reconnaissance General Bureau promossa dallo stesso regime.

---

[19] ibid.
[20] Carolina Polito, "The Evolution of North Korean Cyber Threats", *The asan institute for policy studies*

Bibliografia

Bartlett, Jason. ",,Why Is North Korea So Good at Cybercrime?"." *The Diplomat* 3 (2020).

Bartlett, Jason. "Exposing the Financial Footprints of North Korea's Hackers." *Center for a New American Security: Washington, DC, USA* (2020).

Blancke, Stephan. "North Korean intelligence structures." *North Korean Review* (2009): 6-20.

Bermudez Joseph, "SIGINT, EW, and EIW in the Korean People's Army: an Overview of Development and Organization." *Bytes and bullets in Korea.* (2005).

Bermudez Joseph, "A New Emphasis on Operations Against South Korea, 38 North", *U.S.-Korea Institute at SAIS, Johns Hopkins University,* (2017).

DiMaggio, Jon. *The Art of Cyberwarfare: An Investigator's Guide to Espionage, Ransomware, and Organized Cybercrime.* No Starch Press, 2022.

Ha, Mathew., "North Korea's cyber threats are serious, the network of RGB should be disabled". Interview by No Jungmin. Radio Free Asia, Sep 17, 2018

Ibison, David, "Pyongyang's spy ship reveals a dark secret: Evidence from vessel suggests North Korea is working with criminal gangs to distribute drugs in Japan", *Financial Times,* (2003).

Ji-Young, Kong, Lim Jong In, and Kim Kyoung Gon. "The All-Purpose Sword: North Korea's Cyber Operations and Strategies." In *2019 11th International Conference on Cyber Conflict (CyCon)*, vol. 900, pp. 1-20. IEEE, 2019.

Kim, Min-hyung. "North korea's cyber capabilities and their implications for international security." *Sustainability* 14, no. 3 (2022): 1744.

Kim So-hyun, "Reconnaissance General Bureau is heart of N.K. terrorism", *The Korean Herald* (2010)

Minh S., "No ordinary Counterfeit", *the New York Time Magazine* (2012)

Park, Moonbeom, "Let's learn about enemy through various IoCs of real APT cases.", *In DragonCon 2018*, (2018)

Polito, C., "The Evolution of North Korean Cyber Threats", *The asan institute for policy studies*

Recorded Future, "Report on North Korea Cyber Activity", *recorded future insikt group*

Shulsky, Abram N. & Schmitt, Gary James, "Silent warfare: understanding the world of intelligence", *Washington: Brassey's (US)* (1993)

Stent, D., "The great cyber game". *New Zealand International Review*, *43* no. 5, (2018): 6-9.

__Giulia Rossi__, studentessa della laurea magistrale in International and Diplomatic Affairs dell'Università di Bologna-Alma Mater Studiorum, ha partecipato a una simulazione dell'ONU a Roma, a una simulazione del Parlamento europeo a Bruxelles e a vari incontri con membri del Parlamento europeo come Marquez e con l'ambasciatore italiano presso l'Unione europea, Benassi. Nella primavera del 2023 ha tenuto una lectio magistralis al Saint Antony's College di Oxford sull'ascesa del populismo europeo e l'influenza cinese. Nel marzo 2023 ha partecipato alla Winter School dell'Università di Bologna su "Media e politica in Asia, Stati Uniti ed Europa". È stata appena accettata a presentare alla 6a conferenza internazionale interdisciplinare su "Diritti umani, violenza e dittatura" organizzata da professori dell'Università di Gdanzt e dell'Università di Sao Paolo.

Il Mar Cinese Meridionale: uno spazio di condivisione di risorse strategiche

Isabella Chiara

Quali sono le ragioni per cui il Mar Cinese Meridionale è particolarmente conteso dai Paesi che lo circondano e, nello specifico, dalla Cina? Cosa rende questo bacino così ambito? La risposta si trova nella grande quantità di risorse strategiche che vi sarebbero contenute e nell'importanza delle vie di comunicazione che lo attraversano, elementi che donano a questo spazio marittimo un enorme valore economico. Oltre ad elencare e ad approfondire la natura dei fattori di potenza del bacino, questo *paper* si propone di suggerire come un meccanismo di regolamentazione delle risorse, unitamente all'impostazione di un'architettura di sicurezza, possa rendere il Mar Cinese Meridionale uno spazio di cooperazione anziché un teatro di conflitto.

Parole chiave: Mar Cinese Meridionale, SLOCs, risorse, sicurezza, cooperazione, condivisione

I. Introduzione

Il Mar Cinese Meridionale, incastonato nel cuore del sud-est asiatico, rappresenta un vero e proprio "mediterraneo", parte del più ampio "mediterraneo australasico".[1] Allungandosi da Singapore e dallo Stretto di Malacca – nel sud-ovest – fino allo Stretto di Taiwan – nel nord-est –, questo bacino vede affacciarsi sulle sue acque le coste di Cina, Taiwan, Filippine, Malesia, Brunei, Indonesia e Vietnam; su di esso, inoltre, affiorano circa duecentocinquanta piccole isole, scogli, banchi e atolli, raggruppati attorno a sei gruppi principali: le isole Paracelso, le isole Spratly, le isole Pratas, la Secca di Scarborough, Macclesfield Bank e le isole Natuna.[2]

La sua posizione costituisce il perno della sua strategicità; esso è infatti contiguo ad alcuni stretti che lo pongono in comunicazione con spazi marittimi particolarmente rilevanti: a nord, lo stretto di Taiwan lo congiunge con il Mar Cinese Orientale; a sud-ovest, lo stretto di Singapore lo mette in comunicazione con lo Stretto di Malacca – *choke point* di rilevanza globale per l'accesso all'Oceano Indiano –, mentre lo stretto di Karimata lo collega al Mar di Giava; ad est, infine, lo Stretto di Luzon offre al bacino uno sbocco sul Mar delle Filippine, porta d'ingresso per il ben più ampio Oceano

---

[1] Il concetto di "mediterraneo" rimanda alla teoria dell'Ammiraglio Giuseppe Fioravanzo (1891-1975) secondo cui, nel mondo, ci sarebbero quattro mediterranei: quello latino – il *Mare Nostrum* -, quello mesoamericano – corrispondente all'insieme del Golfo del Messico e del Mar dei Caraibi -, quello giapponese – comprendente il Mar del Giappone, il Mar Giallo e il Mar Cinese Settentrionale – e, infine, quello australasico. Quest'ultimo coincideva, nella formulazione di Fioravanzo, con la zona di separazione tra l'Oceano Pacifico e l'Oceano Indiano. Nella sua rivisitazione del pensiero di Fioravanzo, Zampieri propone di unire tra loro – in virtù delle comuni dinamiche geopolitiche e geostrategiche che potrebbero caratterizzarli – il mediterraneo australasico e quello giapponese; la *ratio* di questo ragionamento è rappresentata dalla politica di *containment* a danno della Cina attuata da parte degli Stati Uniti con il concorso di una pletora di alleati locali (Giappone, Repubblica di Corea, Taiwan, Filippine, Vietnam, Australia). Cfr. Francesco Zampieri, "Dai quattro "Mediterranei" di Fioravanzo all'importanza dei mari interni*"*, post-fazione in Matteo Marconi e Paolo Sellari (a cura di), *Geopolitica e Spazi marittimi* (Roma: Edizioni Nuova Cultura), 2021.
[2] Benjamin J. Sacks, *The Political Geography of the South China Sea Disputes: A RAND Research Primer*. Santa Monica, CA: RAND Corporation, 2022. https://www.rand.org/pubs/perspectives/PEA2021-1.html.

Pacifico. Il bacino, caratterizzato da importanti vie di comunicazione marittime (SLOCs), nonché dalla presenza di ingenti risorse naturali, costituisce il fulcro di alcune controversie tra i Paesi che vi affacciano: tra questi, la Cina è quello che, tramite la rivendicazione di fasce sempre più ampie di questo mare, si sta profilando in maniera sempre più assertiva, esacerbando molteplici dispute con i Paesi rivieraschi. In uno scenario internazionale punteggiato da crescenti ostilità, appare dunque più che mai urgente suggerire come le ricche acque di questo "mediterraneo" possano beneficiare di sistema di condivisione delle risorse, al fine di promuovere la sicurezza e scongiurare la nascita di ulteriori conflittualità.

II. La strategicità del Mar Cinese Meridionale: arteria vitale del commercio globale

Riprendendo un'espressione attribuita a Temistocle, all'inizio del XVII secolo Sir Walter Raleigh scrisse: "Chi comanda il mare comanda il commercio; chi comanda il commercio del mondo comanda le ricchezze del mondo, e, di conseguenza, il mondo stesso".[3] Considerato che circa il 90% delle merci scambiate globalmente viaggia attraverso i mari,[4] appare evidente come il controllo su questi possa rappresentare, per alcuni Stati, un'aspirazione non trascurabile. Nel caso del Mar Cinese Meridionale, tale aspirazione appartiene certamente alla Cina, che, sebbene ad oggi sia priva degli strumenti militari necessari a conseguire tale obiettivo, ambisce ad esercitare sul bacino il "dominio del mare".[5] Questo spazio liquido, del resto,

---

[3] Francesco Zampieri, *Elementi di Strategia Marittima*, Roma: Edizioni Nuova Cultura (2020), p. 56.
[4] Organization for Economic Co-operation and Development, "Ocean shipping and shipbuilding",
https://www.oecd.org/ocean/topics/ocean-shipping/
[5] Il concetto di "dominio del mare", sebbene non goda di una definizione univoca, viene tradizionalmente attribuito ad Alfred Thayer Mahan (1840-1914), il quale, nel suo libro *L'influenza del potere marittimo nella storia, 1670-1783*, vi si riferì nei seguenti termini: "…quell'autoritario potere marittimo che scaccia la bandiera nemica dai mari o le consente di apparire solo come un fuggiasco e che, controllando la grande proprietà comune, il mare, chiude le vie attraverso le quali il commercio si muove da e verso le coste nemiche". Ad oggi, in realtà, tale utilizzo "assoluto" del mare non è contemplato, e cede il passo al "sea control", ovvero un comando del mare limitato

figura come una vitale arteria del commercio globale, ed è inoltre percorso da importanti vie di comunicazione marittima meglio note come SLOCs (*Sea Lines of Communication*), vere e proprie "autostrade strategiche" che consentono ai Paesi di accedere a risorse in luoghi lontani.[6] Le SLOCs del Mar Cinese Meridionale collegano i vari punti di ingresso e uscita del bacino: tra queste, la più importante è quella che porta dallo Stretto di Singapore allo Stretto di Luzon, a nord. Attraverso gli stretti di Malacca e Singapore, infatti, i commerci che seguono questa rotta vanno ad alimentare le economie dell'Asia nord-orientale, della Corea, del Giappone e della Cina settentrionale; una seconda tratta di questa SLOC si divide verso la metà del Mar Cinese Meridionale, per raggiungere Hong Kong e i porti meridionali della Cina.[7] Secondo i dati elaborati dal China Power Project del Center for Strategic and International Studies, in termini di volume, il 60% del commercio marittimo passa attraverso l'Asia; in quest'area, il Mar Cinese Meridionale costituisce uno svincolo imprescindibile, dato che su di esso viaggia un terzo del trasporto marittimo globale.[8] Essendo una delle rotte marittime più "affollate" al mondo, non stupisce che il traffico commerciale sulle acque di questo bacino risulti tre volte superiore a quello che passa attraverso il Canale di Suez e quindici volte superiore a quello del Canale di Panama.[9] Nel complesso network di attori internazionali che commerciano via mare, e per i quali questo bacino ricopre una rilevanza non indifferente, la Cina da tempo si sta proiettando su queste acque in maniera particolarmente assertiva (e, talvolta, conflittuale): del resto, come ricorda Kevin Rudd, in passato il consigliere di Stato cinese per gli Affari esteri aveva avvertito privatamente gli Stati Uniti che la Cina considerava il

---

nello spazio e nel tempo in base alle necessità dello Stato che lo esercita. Cfr. Zampieri, *Elementi di Strategia Marittima*, p. 110.

[6] Abhijit Singh, "Securing Sea Lines of Communication in Asia", *ORF Occasional Paper No. 383*, November 2022, Observer Research Foundation, p. 3.

[7] Sam Bateman, *Routledge Handbook of the South China Sea*, London: Routledge, 2021, p. 49.

[8] China Power Project, "How Much Trade Transits the South China Sea?", *Center for Strategic and International Studies*, https://chinapower.csis.org/much-trade-transits-south-china-sea/#easy-footnote-bottom-1-3073

[9] Christine E. Macaraig, and Fenton, Adam James, "Analyzing the Causes and Effects of the South China Sea Dispute: Natural Resources and Freedom of Navigation", *Journal of Territorial and Maritime Studies*, Summer/Fall 2021, p. 46.

Mar Cinese Meridionale come parte dei propri "interessi fondamentali".[10] I dati, in tal senso, non le danno torto; la sicurezza economica della Repubblica Popolare è strettamente legata al Mar Cinese Meridionale: basti pensare che nel 2016 più del 64% del commercio marittimo cinese è infatti transitato su queste acque[11]. Oltre alla Cina, beninteso, dipendono fortemente dalle rotte commerciali del Mar Cinese Meridionale anche l'Indonesia e il Vietnam (oltre l'80% del commercio da e verso questi Paesi passa proprio attraverso il mare)[12], seguiti da Singapore, Thailandia, Vietnam, Hong Kong e Malesia. Ma c'è anche un importante attore extra-regionale che ha interessi commerciali derivanti dal passaggio di merci attraverso il Mar Cinese Meridionale: gli Stati Uniti, che dai commerci su queste acque ricavano all'incirca 1200 miliardi di dollari.[13]

I traffici commerciali che scorrono febbrilmente attraverso il Mar Cinese Meridionale vantano anche una importante componente energetica. Queste acque rappresentano, per i Paesi dell'Asia orientale, vitali rotte energetiche per il trasporto di idrocarburi provenienti, in larga parte, dal Golfo Persico.[14] Nella regione, infatti, ci sono molti Paesi energivori che dipendono dall'importazione di gas e petrolio: *ça va sans dire*, il principale, tra questi, è la Cina, che, attraverso il Mar Cinese Meridionale, importa più di tre quarti del petrolio necessario a garantirle la propria sicurezza energetica.[15] Conseguentemente, il bacino assume importanza cruciale non solo per l'approvvigionamento energetico dei Paesi regionali, ma anche per i Paesi esportatori di energia: un esempio lampante è l'Arabia Saudita, i cui volumi di greggio passano, per un quarto del totale esportato globalmente, proprio attraverso il Mar

---

[10] Kevin Rudd, *USA-Cina. Una guerra che dobbiamo evitare* (Segrate : Rizzoli), 2023, p. 71.
[11] China Power Project, "How Much Trade Transits the South China Sea?", *Center for Strategic and International Studies.*
[12] Macaraig and Fenton, "Analyzing the Causes and Effects of the South China Sea Dispute", *Journal of Territorial and Maritime Studies*, p. 46.
[13] Geollect, "The strategic importance of the South China Sea", 10.03.2022,https://www.geollect.com/news/the-strategic-importance-of-the-south-china-sea/
[14] *Ibidem.*
[15] Naser Al-Tamimi, "Troppo petrolio sulle Vie della Seta", *Istituto per gli Studi di Politica Internazionale*, 28.01.2020, https://www.ispionline.it/it/pubblicazione/troppo-petrolio-sulle-vie-della-seta-24944

Cinese Meridionale.[16] Come accennato, anche il gas naturale liquefatto costituisce una fetta dei commerci comunemente effettuati attraverso questo "mediterraneo": secondo le stime dell'EIA, nel 2011 circa 6 bilioni di piedi cubi (*trillion cubic feet*, tcf) di GNL – corrispondenti ad oltre la metà del commercio globale – hanno transitato sul Mar Cinese Meridionale, andando a saziare l'appetito energetico di Giappone, Corea del Sud, Cina e Taiwan; il 75% delle esportazioni proveniva da Qatar, Malesia, Indonesia e Australia.[17] Nel 2017, i volumi di gas trasportato attraverso il bacino hanno subito un leggero calo, attestandosi comunque ad un sostanzioso 40% del commercio globale di GNL.[18]

III. Le risorse del Mar Cinese Meridionale

È ormai assodato che il futuro del mondo dipenda dalla disponibilità e dall'accesso alle risorse naturali.[19] Queste ultime, nell'area dell'Asia-Pacifico, si trovano in gran parte proprio nel Mar Cinese Meridionale, preziosa cornucopia di risorse per i Paesi che vi si affacciano. Come affermano Chengyong Yu e Yen-Chiang Chang, gli interessi degli Stati in mare possono essere generalmente riassunti con le "tre P": politica, proteine (pesce) e petrolio.[20] Poiché la prima "P" – la politica – è anche conseguenza della seconda e della terza, ci si concentrerà prevalentemente proprio sull'analisi degli ultimi due elementi, *id est*, proteine e petrolio. Questi, infatti, costituiscono i cardini delle risorse naturali presenti nel Mar Cinese Meridionale, distinguibili in due grandi categorie: risorse ittiche e risorse energetiche.

Per quanto riguarda la prima categoria, è innanzitutto necessario partire da un presupposto fondamentale: il Mar

---

[16] Candace Dunn, and Barden, Justine, "More than 30% of global maritime crude oil moves through the South China Sea", *U.S. Energy Information Administration*, 27.08.2018, https://www.eia.gov/todayinenergy/detail.php?id=36952

[17] *Ibidem.*

[18] Sacks, *The Political Geography of the South China Sea Disputes,* 2022.

[19] Macaraig and Fenton, "Analyzing the Causes and Effects of the South China Sea Dispute", p. 43.

[20] Chengyong Yu, and Chang, Yen-Chiang, "China's Incentives and Efforts against IUU Fishing in the South China Sea", *Sustainability*, 15 (2023), https://doi.org/10.3390/su15097255

Cinese Meridionale figura come uno dei tredici grandi ecosistemi marini (*Large Maritime Ecosystems*, LME) dell'Asia.[21] Non sorprende dunque che esso rappresenti l'habitat di alcuni dei sistemi di barriera corallina più ricchi del mondo, con oltre 3000 specie di pesci: una sì ampia disponibilità di risorse ittiche costituisce circa il 12% del totale di pesce pescato a livello globale.[22] Queste risorse, però, stanno subendo una graduale diminuzione, dovuta alla concomitanza di due fattori: la limitata capacità di rigenerazione delle risorse ittiche – conseguenza della natura di mare semi-chiuso del bacino – e il sovra-sfruttamento delle stesse.[23] Quest'ultimo fenomeno è da imputarsi, principalmente, alla forte dipendenza degli Stati rivieraschi del Mar Cinese Meridionale dall'industria della pesca. Tale attività è infatti fondamentale per il rifornimento di cibo e per la garanzia dello sviluppo economico dei Paesi, e il Mar Cinese Meridionale, in tal senso, ne è la prova evidente: il bacino, infatti, non sostiene solo circa 2,7 milioni di pescatori, ma costituisce anche la risorsa su cui fanno affidamento le economie di Cina continentale, le comunità di Macao e Hong Kong, Taiwan, Thailandia, Vietnam, Cambogia, Filippine, Malesia, Brunei, Singapore e Indonesia.[24] Conseguentemente, per massimizzare i benefici dell'economia marittima nel breve termine, questi Paesi non esitano a fare ricorso ad un uso estensivo della pesca, che, con lo sviluppo della scienza e della tecnologia, ha portato ad un drastico sovra-sfruttamento della popolazione ittica del bacino. A ciò, beninteso, si aggiunge anche il fenomeno della pesca illegale, non regolamentata e non dichiarata (*Illegal, Unregulated, and Unreported fishing*, IUU), che, oltre a contribuire al massiccio sovra-sfruttamento ittico, in Asia ha fatto perdere, tra il 2005 e il 2014, tra i 3,9 e i 7,6 miliardi di entrate annue: nel Mar Cinese Meridionale si stima che la

---

[21] Rashid Sumaila et al., *Sink or Swim. The future of Fisheries in the East and South China Seas*, ADM Capital Foundation, Hong Kong, 2021, p. 6.
[22] Rashid Sumaila, and Cheung, William, "Boom or Bust. The Future of Fish in the South China Sea", *Living Ocean*, rep. Nov. 2015, 2, pp. 5-10.
[23] Chengyong Yu, Chang, Yen-Chiang, "China's Incentives and Efforts against IUU Fishing in the South China Sea", *Sustainability*, 15 (2023), https://doi.org/10.3390/su15097255
[24] Sumaila et al., *Sink or Swim*, p. 8.

percentuale di catture non dichiarate raggiunga, rispetto a quelle dichiarate, il 50%.[25]

Oltre alle risorse ittiche, questo mare vanta anche interessanti risorse energetiche. Tali risorse possono essere distinte fra quelle relative al petrolio e al gas naturale; ad esse può essere aggiunta la categoria – relativamente più marginale – degli idrati di metano. La questione delle risorse energetiche presenti in questo bacino appare, a tratti, controversa, e certamente correlata alle dispute marittime che riguardano alcuni Stati regionali: come affermano Gao e Jia, infatti, è opinione comune (e corretta) che le tensioni nel Mar Cinese Meridionale abbiano iniziato ad emergere quando, intorno agli anni '60, si è cominciato a valutare il potenziale di petrolio e gas naturale di quest'area.[26] Ciò è stato confermato anche da Dieter-Evers, che ha sottolineato come la scoperta di ingenti riserve di petrolio e gas naturale nel Mar Cinese Meridionale stia dando luogo ad una nuova "geografia del conflitto", le cui faglie sono rappresentate dai flussi di risorse piuttosto che dalle divisioni politiche.[27]

Le stime inerenti a tale potenziale energetico provengono prevalentemente da due Paesi – Cina e Stati Uniti – e, come si vedrà, sono nettamente in contrasto fra loro. Secondo i dati raccolti dalle principali agenzie energetiche statunitensi – in particolare, l'Energy Information Administration e lo U.S. Geological Survey (USGS) –, nel Mar Cinese Meridionale ci sarebbero circa 11 miliardi di barili di petrolio;[28] secondo i dati delle agenzie cinesi, invece, la presenza di riserve petrolifere si attesterebbe a circa 213 miliardi di barili.[29] Anche i volumi di gas naturale presentano, nelle stime dei due Paesi, un differenziale non poco eclatante: mentre le agenzie cinesi sostengono la presenza di riserve contenenti più di 2000 bilioni

---

[25] *Ibidem.*

[26] Zhiguo Gao and Jia, Bing Bing, "The Nine-Dash Line in the South China Sea: History, Status, and Implications", *The American Journal of International Law*, January 2013, Vol. 107, No. 1 (January 2013), p. 105.

[27] Hans Dieter-Evers, "Understanding the South China Sea: An Explorative Cultural Analysis", *IJAPS*, vol. 10, 1(January 2014), p. 84.

[28] U.S. Energy Information Administration, *South China Sea Analysis Brief*, February 2013, https://www.eia.gov/international/analysis/regions-of-interest/South_China_Sea

[29] Geoffrey F. Gresh, *To rule Eurasia's waves,* Yale University Press, 2020, p. 174.

di piedi cubi di gas, secondo quelle statunitensi il gas presente nel Mar Cinese Meridionale non sarebbe superiore ai 226 bilioni di piedi cubi.[30] Partendo dal presupposto che gran parte della geologia di questa regione è ancora poco conosciuta, e, dunque, qualsiasi stima delle risorse – che sia cinese o statunitense – deve essere considerata preliminare, salta indubbiamente all'occhio come, secondo le valutazioni di Pechino, il bacino presenti una vasta quantità di idrocarburi, tale da meritarsi il titolo di "secondo Golfo Persico".[31] Che si tratti di un'esagerazione o meno, appare evidente come Pechino stia adottando una postura particolarmente "risoluta" nelle acque di questo bacino, esemplificata dalle rivendicazioni territoriali all'interno della cosiddetta Linea a Nove Tratti.[32] Per quanto concerne l'aspetto energetico, è risaputo che la Repubblica Popolare sia particolarmente assetata di idrocarburi, dato che le sue riserve petrolifere si attestano a solo l'1.1% del totale a livello globale, mentre i suoi consumi superano il 20% di tutta l'energia utilizzata sul pianeta. Probabilmente è proprio per questo che la compagnia petrolifera nazionale CNOOC (Chinese National Offshore Oil Corporation) ha investito, nella regione del Mar Cinese Meridionale, circa 20 miliardi di dollari,

---

[30] *Ibidem.*

[31] Nandini Jawli, "South China Sea and India's Geopolitical Interests", *Indian Journal of Asian Affairs*, 29(2016), p. 86.

[32] La Linea a Nove Tratti (*Nine-Dash Line*, o *U-shape Line*) fa riferimento ad una mappa della Cina pre-comunista elaborata nel 1947 e avente come titolo "Location Map of the South China Sea Islands". La linea delimiterebbe i confini dei possedimenti cinesi nel bacino, includendo anche gli arcipelaghi e le isole dalla Cina fino a Singapore e alla Malesia. Nel 2009, Pechino ha sorpreso gli osservatori regionali presentando all'ONU la stessa mappa, che, di fatto, attribuisce alla Cina il 90% delle acque del Mar Cinese Meridionale. Negli anni, il Vietnam, le Filippine, il Brunei, la Malesia ed altri Paesi hanno protestato vivamente contro le rivendicazioni cinesi, ma la situazione rimane instabile, poiché la Cina è sempre più coercitiva nei rapporti con gli altri Stati rivieraschi. Nello specifico, Pechino afferma, sulle zone contese, una "sovranità indiscutibile"; dal 2012, ha avocato a sé, a danno delle Filippine, il controllo effettivo della Secca di Scarborough e ha potenziato le sue strutture nelle isole Paracel (in particolare, la base militare sull'isola Woody, che ora ospita un campo di aviazione di livello militare e batterie missilistiche); dal 2013, inoltre, la Cina ha reclamato circa 3200 acri di terra nelle isole Spratly, lasciandone solo 120 al Vietnam e meno (o nessuno) agli altri Paesi. Per ulteriori approfondimenti, cfr. Hal Brands, and Cooper, Zack, "Getting Serious About Strategy in the South China Sea", *Naval War College Review*, Vol. 71, No 1 (Winter 2018).

convinta di trovare nel bacino ampie riserve energetiche da poter sfruttare.[33] Tra queste figurerebbe anche un'ingente quantità di idrati di metano, ovvero depositi di gas naturale "ghiacciato" presenti sul fondale marino. Questo "ghiaccio combustibile" è considerato una delle chiavi fondamentali per le future necessità energetiche del mondo, ed è per questo che alcuni Paesi – tra i quali spicca la Cina – stanno scandagliando i fondali marini per mapparne i giacimenti.[34]

Il potenziale energetico degli idrati di metano è, di fatto, immenso. Separando l'acqua dal metano, questi composti rivelano un'altissima concentrazione di gas: basti pensare che un solo metro cubo di ghiaccio può rilasciare circa 160 metri cubi di metano.[35] Nel Mar Cinese Meridionale, un fitto reticolo di questo gas cristallizzato si troverebbe sulle pendici continentali, e, nello specifico, sul versante continentale cinese.[36] Purtroppo, però, lo sfruttamento degli idrati è ostacolato da due fattori: in primo luogo, le complessità – e il costo – delle operazioni di estrazione; in secondo luogo, i rischi ambientali connessi a possibili fuoriuscite di gas durante il processo estrattivo.[37]

IV. Ipotesi di condivisione delle risorse

In merito alle risorse del Mar Cinese Meridionale sono inevitabilmente divampate svariate controversie tra i Paesi rivieraschi, ognuno dei quali rivendica diritti esclusivi di esplorazione, sfruttamento e utilizzo delle stesse. Iniziative unilaterali da parte di uno qualsiasi degli Stati rivendicatori per lo sviluppo o lo sfruttamento di risorse ittiche e/o energetiche

---

[33] Jawli, "South China Sea and India's Geopolitical Interests", p. 86.

[34] Wired, "La Cina comincia a estrarre il ghiaccio combustibile", 23.05.2017,
https://www.wired.it/scienza/energia/2017/05/23/cina-estrazione-ghiaccio-combustibile/

[35] *Ibidem.*

[36] Gavin Don, "Pursuing Methane Hydrates in the South China Sea", *Natural Gas World*, 17.05.2023,
https://www.naturalgasworld.com/pursuing-methane-hydrates-in-the-south-china-sea-gas-in-transition-105200

[37] Wired, "La Cina comincia a estrarre il ghiaccio combustibile", 23.05.2017,
https://www.wired.it/scienza/energia/2017/05/23/cina-estrazione-ghiaccio-combustibile/

hanno più volte causato non solo scontri diplomatici, ma anche azioni coercitive – sempre mantenutesi al di sotto della soglia della violenza - che hanno coinvolto navi delle marine militari o della guardie costiere.[38] Come già accennato, il Paese percepito come principale "antagonista" nelle dispute regionali è la Cina, che reclama porzioni sempre più ampie del bacino e continua ad aumentare le attività militari su queste acque. Alla luce delle crescenti ostilità che interessano il Mar Cinese Meridionale, appare più che mai urgente inquadrare alcune soluzioni circa l'impostazione di un sistema di condivisione delle risorse naturali presenti nell'area.

Lo stato dell'arte, in tal senso, appare variegato. Per quanto riguarda le risorse ittiche, il riferimento di base è rappresentato dalla Convenzione delle Nazioni Unite sul diritto del mare (UNCLOS), che prevede che gli Stati costieri dei mari semichiusi – come, appunto, il Mar Cinese Meridionale – si coordinino nella gestione e nella conservazione degli ambienti marini e delle risorse viventi[39]; in particolare, l'UNCLOS chiede cooperazione nella protezione degli stock di specie ittiche altamente migratorie.[40] In questo contesto, gli Stati costieri del Mar Cinese Meridionale hanno assunto numerosi impegni di gestione cooperativa. Nel 2002, ad esempio, l'ASEAN e la Cina hanno concordato una "Dichiarazione sulla Condotta delle Parti nel Mar Cinese Meridionale", in cui si afferma che "le parti interessate possono esplorare o intraprendere attività di cooperazione. Queste possono includere (…) la protezione dell'ambiente marino e la ricerca scientifica marina".[41] Dal 2004, tutti gli Stati costieri del Mar Cinese Meridionale fanno parte della Commissione per la Pesca nel Pacifico Centro-Occidentale (*Western and Central Pacific Fisheries Commission*, WCPFC), un'Organizzazione Regionale per la Gestione della Pesca (*Regional Fisheries*

---

[38] Julius Cesar Trajano, "Resource Sharing and Joint Development in the South China Sea: Exploring Avenues of Cooperation", NTS Insight, No. IN19-01 (Singapore: RSIS Centre for Non-Traditional Security Studies (NTS Centre)), March 2019.
[39] United Nations, *United Nations Convention on the Law of the Sea*, art. 123.
[40] Jeremy Prince et al., "Supporting regional co-operation in the South China Sea with an initial assessment of the data-limited skipjack tuna fishery", *Marine Policy* 155 (2023), p. 2.
[41] Association of Southeast Asian Nations, "Declaration on the Code of Parties in the South China Sea", 2002.

Management Organization, RFMO[42]) la cui area di competenza copre quasi il 20% della superficie terrestre.[43] Sebbene la Commissione miri a risolvere i problemi della pesca derivanti da fattori come la IUU o il cambio di bandiera dei pescherecci in tutta l'area del Pacifico Centro-Occidentale, essa non si occupa del Mar Cinese Meridionale: come sottolineato da Prince et al., a causa delle "sensibilità politiche" di alcuni Paesi membri, le attività di pesca del Mar Cinese Meridionale non vengono trattate da suddetta organizzazione;[44] dato che nessun organo alternativo è stato istituito, la questione è rimasta cristallizzata.[45] Urge, però, una soluzione, visto il tragico stato in cui versa la pesca nella regione: una cooperazione multilaterale fra gli Stati rivieraschi potrebbe, in tal senso, non solo mettere un freno al collasso della pesca nell'area, ma anche risolvere svariate questioni di sicurezza (alimentare, ambientale ed economica) per le comunità costiere che dipendono dalle ricche risorse del bacino.[46] Queste ultime dovrebbero partecipare con i pescatori alla condivisione e alla gestione sostenibile delle risorse ittiche, così da re-impostare

---

[42] Le Organizzazioni Regionali per la Gestione della Pesca sono organizzazioni internazionali che stabiliscono misure vincolanti per la conservazione e la gestione sostenibile delle specie ittiche altamente migratorie o trans-zonali. Per ulteriori approfondimenti, cfr. European Commission, "Regional fisheries management organisations (RFMOs)", https://oceans-and-fisheries.ec.europa.eu/fisheries/international-agreements/regional-fisheries-management-organisations-rfmos_en
[43] Western and Central Pacific Fisheries Commission, "What area is the WCPFC responsible for?", https://www.wcpfc.int/frequently-asked-questions-and-brochures
[44] La Convenzione della WCPFC lascia esplicitamente impregiudicate le questioni di sovranità, affermando che nulla all'interno della stessa "costituirà un riconoscimento delle rivendicazioni o delle posizioni di uno dei membri della Commissione in merito allo status giuridico e all'estensione delle acque e delle zone rivendicate da tali membri". Questo approccio sembrerebbe particolarmente adatto al Mar Cinese Meridionale. Per ulteriori approfondimenti, cfr. Marina Tsirbas, "Saving the South China Sea fishery: time to internationalise", *Policy Option Paper No. 03* (June 2017), National Security College, https://nsc.crawford.anu.edu.au/sites/default/files/publication/nsc_crawford_anu_edu_au/2017-07/policy_option_3_v3.pdf
[45] Prince et al., "Supporting regional co-operation in the South China Sea with an initial assessment of the data-limited skipjack tuna fishery", p. 2.
[46] Trajano, "Resource Sharing and Joint Development in the South China Sea".

un'architettura di coesistenza pacifica nella regione.[47] In termini più concreti, Trajano suggerisce l'istituzione di un network tra i pescatori dei vari Stati rivieraschi: grazie a questo sistema, essi potrebbero scambiarsi consigli e suggerimenti circa le pratiche ottimali da attuare nelle rispettive attività, diventando a tutti gli effetti attori di rilievo nel processo decisionale relativo al settore. Si tratterebbe, in sintesi, di replicare nel Mar Cinese Meridionale quella che, nel Mar Mediterraneo, è la Piattaforma Mediterranea della Pesca Artigianale (Mediterranean Platform of Artisanal Fishers, MedArtNet)[48]. Anche nel sud-est asiatico, beninteso, sono presenti iniziative di co-gestione delle risorse ittiche, ma esse si articolano prevalentemente a livello locale: un esempio è quello del Vietnam, che, in seguito all'approvazione della Legge sulla Pesca del 2017, ha dato alle comunità costiere il riconoscimento legale necessario a perseguire la protezione delle risorse marine a livello locale, includendo anche l'attribuzione delle competenze in materia di pesca.[49] L'ONG vietnamita "Centre for Marine Life Conservation and Maritime Development", inoltre, prima dell'approvazione della suddetta legge, aveva promosso il progetto "Ecosystem Approach to Fisheries

---

[47] Come afferma Trajano, la coesistenza pacifica fra i pescatori degli Stati costieri del Mar Cinese Meridionale non sarebbe una novità. Per intere generazioni il bacino ha rappresentato un "bene comune regionale": i pescatori dei vari Paesi non solo coesistevano senza problemi, ma commerciavano anche fra loro. Un esempio era la Secca di Scarborough, che per molto tempo è stata una zona di pesca pacificamente frequentata da pescatori taiwanesi, cinesi, filippini e vietnamiti. Lo *status quo* si è alterato nel 2012, in seguito ad uno stallo fra la guardia costiera cinese e quella filippina: in seguito a ciò, la pace si è irrimediabilmente incrinata quando la Cina ha posto la Secca sotto il proprio controllo *de facto*, cacciando i pescatori non solo filippini, ma anche tutti quelli provenienti da altri Paesi. Per ulteriori approfondimenti, cfr. Trajano, "Resource Sharing and Joint Development in the South China Sea".
[48] La Piattaforma Mediterranea della Pesca Artigianale, fondata nel 2011, accoglie pescatori artigiani di Spagna, Francia, Italia e Grecia; il suo obiettivo è quello di renderli non solo i detentori della conoscenza ecologica marina tradizionale, ma anche agenti del cambiamento in termini di sostenibilità e attori primari nella co-gestione delle risorse e degli ecosistemi del Mar Mediterraneo. Cfr. "Proceedings of the 2012 Forum of Marine Protected Areas in the Mediterranean", MedPAN, RAC/SPA, the General Directorate for Protection of Natural Assets, UNDP Turkey/GEF PIMS 3697 Project, 2012.
[49] Trajano, "Resource Sharing and Joint Development in the South China Sea".

Management", che sottolinea l'importanza della co-gestione: seguendo tale approccio, le comunità costiere – dipendenti dalla pesca per il loro sostentamento – collaborano con il governo vietnamita per gestire le risorse in modo sostenibile. Con la Legge sulla Pesca, i gruppi che si occupano della co-gestione si sono visti riconoscere maggiori diritti, unitamente al via libera per lo sviluppo di piani per la gestione della pesca.[50] Se iniziative locali come questa venissero replicate, ampliate e collegate tra loro, si potrebbe creare una piattaforma collaborativa più ampia, all'interno della quale le comunità costiere e i pescatori di tutti gli Stati del Mar Cinese Meridionale potrebbero condividere gli stock ittici trans-zonali, proteggendo, allo stesso tempo, le risorse ittiche in diminuzione, in quanto "bene comune". La gestione degli stock ittici dovrebbe di certo avvenire tramite l'acquacoltura – attività che figura come l'alternativa sostenibile alla pesca intensiva – facendo però attenzione ai suoi aspetti negativi (tra i quali spicca anche il fenomeno della IUU).[51]

Per quanto riguarda la condivisione delle risorse energetiche, qualche passo avanti è già stato compiuto. Nel 2018, ad esempio, Cina e Filippine hanno firmato un Memorandum d'intesa sulla Cooperazione circa l'esplorazione congiunta delle risorse naturali (gas e petrolio) nelle acque contese del Mar Cinese meridionale.[52] I due Paesi, con il memorandum, hanno eletto un Comitato di Coordinamento congiunto inter-governativo e istituito dei Gruppi di Lavoro inter-imprenditoriali che, nell'arco di un anno, avevano il compito di negoziare e stringere accordi per lo sfruttamento degli idrocarburi: per ognuno di questi gruppi, la Cina ha identificato come proprio rappresentante la Chinese National Offshore Oil Corporation (CNOOC), mentre le Filippine hanno assegnato il

---

[50] Vietnam Association of Seafood Exporters and Producers, "Fisheries Law (Amended): Vietnam's Commitments on IUU have been incorporated into the Law", 7.12.2017, https://seafood.vasep.com.vn/combat-iuu-fishing/vietnam-s-action-compaign/fisheries-law-amended-vietnams-commitments-on-iuu-have-been-incorporated-into-the-law-15891.html
[51] Holly Pate, "Dalla pesca all'allevamento: il lato oscuro dell'acquacoltura", *IrpiMedia*, 9.04.2021, https://irpimedia.irpi.eu/lato-oscuro-acquacoltura/
[52] Jay Batongbacal, "The Philippines-China MoU on Cooperation in Oil and Gas Development", *Asia Maritime Transparency Initiative*, 05.12.2018, https://amti.csis.org/philippines-china-mou-cooperation-oil-gas-development/

compito alla Philippine National Oil Corporation (PNOC) e ad alcuni *contractors* privati.[53] Questo memorandum è certamente indice della disponibilità di entrambi i Paesi di aprire nuove strade di cooperazione, con focus sull'uso congiunto dei beni del bacino. A tal proposito, l'economista filippino Macaranas ha sottolineato che l'aspetto fondamentale delle relazioni sino-filippine è proprio questo: non il possesso dei beni, bensì l'utilizzo congiunto degli stessi.[54] Un accordo tra le parti, in tal senso, permetterebbe anche agli Stati di accantonare le questioni di sovranità nelle zone contese. Per attuare lo sfruttamento congiunto delle risorse, la soluzione più efficace risulta essere quella dell'accordo commerciale fra le compagnie petrolifere: rispetto ad un accordo inter-governativo sullo sfruttamento degli idrocarburi, questa tipologia di accordo – meramente commerciale, dunque – appare meno influenzabile dalle pubbliche opinioni dei Paesi coinvolti.[55] Questo è stato il caso del memorandum sino-filippino, che ha incoraggiato le compagnie petrolifere (sia statali che private) dei due Paesi ad analizzare, di concerto, la possibilità dello sfruttamento congiunto delle risorse. Gli accordi commerciali stipulati fra le compagnie petrolifere hanno inoltre un altro aspetto positivo: possono contribuire alla stabilità delle relazioni fra i Paesi, istituendo, nelle aree contese, un sistema di gestione delle risorse organizzato.[56] È tuttavia bene ricordare che gli accordi fra le compagnie petrolifere di Stati "rivendicatori" nel Mar Cinese Meridionale dovrebbero anche tenere conto dei fattori ambientali: le attività offshore di estrazione e sfruttamento degli idrocarburi possono infatti causare inquinamento transfrontaliero,[57] derivante dal possibile rilascio di sostanze inquinanti nell'ambiente marino. Tali sostanze contaminano inevitabilmente le risorse ittiche e possono dunque danneggiare i pescatori e le comunità costiere. Pertanto, nel contesto delle

---

[53] Trajano, "Resource Sharing and Joint Development in the South China Sea".

[54] Yang Han, "China-Philippines ties hold fruitful promise", *China Daily*, 27.10.2017, https://www.chinadailyhk.com/articles/221/170/190/1509111857556.html

[55] Trajano, "Resource Sharing and Joint Development in the South China Sea".

[56] *Ibidem*.

[57] Youna Lyons, "Transboundary Pollution from Offshore Oil and Gas Activities in the Seas of Southeast Asia", in R. Warner e S. Marsden (eds.), *Transboundary Environmental Governance in Inland, Coastal, and Marine Areas* (Farnham, England; Burlington: Ashgate), 2012.

joint venture fra le compagnie petrolifere degli Stati rivieraschi del Mar Cinese Meridionale, sarà indispensabile che queste cooperino anche con i governi, così da affrontare – e risolvere – le conseguenze ambientali delle attività offshore. In *primis*, però, sarà necessario includere all'interno dei suddetti accordi fra compagnie petrolifere anche lo sviluppo congiunto e sostenibile delle risorse e la gestione dell'inquinamento marino dovuto all'estrazione di gas e petrolio offshore.[58]

Le ipotesi di condivisione relative alle risorse ittiche ed energetiche appaiono dunque accomunate da un aspetto: in entrambi i casi, a portare avanti la cooperazione multilaterale sarebbero diversi *stakeholder* – pescatori, comunità costiere, compagnie petrolifere – che, avendo particolare interesse nel successo di un sistema di gestione delle risorse, potrebbero addurre maggiore trasparenza, legittimità e fiducia nel sistema normativo, rispettando le normative ambientali.[59]

V. Conclusione

Il Mar Cinese Meridionale rappresenta un'imprescindibile rotta commerciale strategica non solo per gli Stati che vi si affacciano, ma anche per importanti attori extra-regionali che dipendono dal passaggio, sulle sue SLOCs, di traffici commerciali – e, dunque, introiti economici – relativi, in *primis*, alle esportazioni o importazioni di energia. Oltre al suo ruolo di arteria commerciale, però, le acque di questo mediterraneo sono fondamentali anche per ciò che contengono: in particolare, risorse ittiche ed energetiche. Poiché questo mare da molto tempo è caratterizzato da diverse dispute dovute alle rivendicazioni marittime dei vari Stati rivieraschi – tra i quali spicca, soprattutto, la Cina –, è fondamentale evitare che la corsa alle risorse non esasperi ulteriormente le tensioni che animano le sue acque. Questo *paper* suggerisce come l'impostazione di un sistema di condivisione delle risorse sia la soluzione più ottimale al fine di garantire la sicurezza nella regione, evitando che il Mar Cinese Meridionale diventi un nuovo teatro di conflitto. Tale sistema dovrebbe essere promosso dai vari *stakeholder* che beneficerebbero della

---

[58] Trajano, "Resource Sharing and Joint Development in the South China Sea".
[59] *Ibidem.*

condivisione delle risorse: tra questi, pescatori, comunità costiere e compagnie petrolifere.

Per quanto riguarda la condivisione delle risorse ittiche, queste ultime potrebbero essere gestite grazie alla creazione di un network tra i pescatori dei vari Stati rivieraschi, sul modello della Piattaforma Mediterranea della Pesca Artigianale: tale soluzione permetterebbe ai pescatori di prendere parte al processo decisionale del settore ittico, scambiandosi, allo stesso tempo, consigli e suggerimenti relativi alle pratiche ottimali da attuare nelle loro attività. Di fatto, sarebbe sufficiente che le varie iniziative di co-gestione già presenti a livello locale nella regione si collegassero fra loro, creando una piattaforma collaborativa improntata alla cooperazione nonché alla protezione delle risorse ittiche in diminuzione.

Per quanto concerne invece la condivisione delle risorse energetiche, la soluzione ottimale sarebbe quella della stipulazione di accordi commerciali fra le compagnie petrolifere dei diversi Paesi. Tali accordi – che dovrebbero includere anche la gestione dell'inquinamento marino – sposterebbero il focus dalle controversie in materia di sovranità all'utilizzo congiunto delle risorse, contribuendo alla stabilità della regione.

In conclusione, la cooperazione fra diversi *stakeholder* potrebbe portare, nel Mar Cinese Meridionale, non solo ad una co-gestione delle risorse – che andrebbe a beneficio degli *stakeholder* stessi e dell'ecosistema marino – ma anche ad un allentamento delle tensioni che caratterizzano queste acque.

Bibliografia

Al-Tamimi, Naser. "Troppo petrolio sulle Vie della Seta". *Istituto per gli Studi di Politica Internazionale*, 2020. https://www.ispionline.it/it/pubblicazione/troppo-petrolio-sulle-vie-della-seta-24944

Almond, Roncevert Ganan. "Trade, War, and the South China Sea". *The Diplomat*, 01.09.2018. https://thediplomat.com/2018/09/trade-war-and-the-south-china-sea/

Association of Southeast Asian Nations. *Declaration on the Conduct of Parties in the South China Sea*, 2002. https://asean.org/declaration-on-the-conduct-of-parties-in-the-south-china-sea-2/

Bateman, Sam. *Routledge Handbook of the South China Sea.* London: Routledge, 2021.

Batongbacal, Jay. "The Philippines-China MoU on Cooperation in Oil and Gas Development". *Asia Maritime Transparency Initiative*, 05.12.2018, https://amti.csis.org/philippines-china-mou-cooperation-oil-gas-development/

Brands, Hal, and Cooper, Zack. "Getting Serious About Strategy in the South China Sea". *Naval War College Review*, Vol. 71, No 1 (Winter 2018).

China Power Project. "How Much Trade Transits the South China Sea?". *Center for Strategic and International Studies*, https://chinapower.csis.org/much-trade-transits-south-china-sea/#easy-footnote-bottom-1-3073

Dieter-Evers, Hans. "Understanding the South China Sea: An Explorative Cultural Analysis". *IJAPS*, vol. 10, 1(2014).

Don, Gavin. "Pursuing Methane Hydrates in the South China Sea". *Natural Gas World*, 17.05.2023, https://www.naturalgasworld.com/pursuing-methane-hydrates-in-the-south-china-sea-gas-in-transition-105200

Dunn, Candace, Barden, J. "More than 30% of global maritime crude oil moves through the South China Sea". *U.S. Energy Information Administration*, 2018. https://www.eia.gov/todayinenergy/detail.php?id=36952

European Commission. "Regional fisheries management organisations (RFMOs)". https://oceans-and-fisheries.ec.europa.eu/fisheries/international-agreements/regional-fisheries-management-organisations-rfmos_en

Gao, Zhiguo, and Jia, Bing Bing. "The Nine-Dash Line in the South China Sea: History, Status, and Implications". *The American Journal of International Law*, Vol. 107, No. 1 (January 2013).

Geollect. "The strategic importance of the South China Sea", 2022. https://www.geollect.com/news/the-strategic-importance-of-the-south-china-sea/

Gresh, Geoffrey F. *To rule Eurasia's waves. The New Great Power Competition at Sea*. Yale University Press, 2020.

Han, Yang. "China-Philippines ties hold fruitful promise". *China Daily*, 27.10.2017, https://www.chinadailyhk.com/articles/221/170/190/15091118 57556.html

Jawli, Nandini. "South China Sea and India's Geopolitical Interests". *Indian Journal of Asian Affairs*, 29(2016).

Lyons, Youna. "Transboundary Pollution from Offshore Oil and Gas Activities in the Seas of Southeast Asia". In R. Warner e S. Marsden (eds.), *Transboundary Environmental Governance in Inland, Coastal, and Marine Areas* (Farnham, England; Burlington: Ashgate), 2012.

Macaraig, Christine Elizabeth, and Fenton, Adam James. "Analyzing the Causes and Effects of the South China Sea Dispute: Natural Resources and Freedom of Navigation". *Journal of Territorial and Maritime Studies*, Summer/Fall 2021.

Mahan, Alfred T. *L'influenza del potere marittimo nella storia, 1670-1783*. Roma: Ufficio Storico della Marina Militare,1994.

MedPAN Association, Regional Activity Centre for specially Protected Areas (RAC/SPA), General directorate for Protection of Natural Assets and United Nations Development Programme (UNDP). "Proceedings of the 2012 Forum of Marine Protected Areas in the Mediterranean". Turkey, 2012.

Pate, Holly. "Dalla pesca all'allevamento: il lato oscuro dell'acquacoltura". *IrpiMedia,* 9.04.2021, https://irpimedia.irpi.eu/lato-oscuro-acquacoltura/

Prince, Jeremy, et al. "Supporting regional co-operation in the South China Sea with an initial assessment of the data-limited skipjack tuna fishery". *Marine Policy* 155 (2023).

Rudd, Kevin. *USA-Cina. Una guerra che dobbiamo evitare.* Segrate: Rizzoli, 2023.

Sacks, Benjamin J. *The Political Geography of the South China Sea Disputes: A RAND Research Primer.* Santa Monica, CA: RAND Corporation, 2022. https://www.rand.org/pubs/perspectives/PEA2021-1.html

Singh, Abhijit. "Securing Sea Lines of Communication in Asia". *ORF Occasional Paper No. 383.* Observer Research Foundation, 2022.

Sumaila, Rashid, and Cheung, William. "Boom or Bust. The Future of Fish in the South China Sea". *Living Ocean,* 2 (2015).

Sumaila et al. *Sink or Swim. The future of Fisheries in the East and South China Seas.* Hong Kong: ADM Capital Foundation, 2021.

Trajano, Julius C. "Resource Sharing and Joint Development in the South China Sea: Exploring Avenues of Cooperation". *NTS Insight,* No. IN19-01 (Singapore: RSIS Centre for Non-Traditional Security Studies), March 2019.

Tsirbas, Marina. "Saving the South China Sea fishery: time to internationalise". *Policy Option Paper No. 03.* National Security College, 2017.

U.S. Energy Information Administration. *South China Sea Analysis Brief,* February 2013.

United Nations Conference on Trade and Development. *Review of Maritime Transport 2023. Towards a Green and Just Transition.* United Nations, 2023.

United Nations. *United Nations Convention on the Law of the Sea.* Montego Bay, 1982.

Western and Central Pacific Fisheries Commission. "What area is the WCPFC responsible for?", https://www.wcpfc.int/frequently-asked-questions-and-brochures

Wired. "La Cina comincia a estrarre il ghiaccio combustibile". 23.05.2017, https://www.wired.it/scienza/energia/2017/05/23/cina-estrazione-ghiaccio-combustibile/

Yu, Chengyong, Chang, Y.-C. "China's Incentives and Efforts against IUU Fishing in the South China Sea". *Sustainability*, 15 (2023). https://doi.org/10.3390/su15097255

Zampieri, Francesco. "Dai quattro "Mediterranei" di Fioravanzo all'importanza dei mari interni". Post-fazione in Matteo Marconi e Paolo Sellari (a cura di), *Geopolitica e Spazi marittimi* (Roma: Edizioni Nuova Cultura), 2021.

Zampieri, Francesco. *Elementi di Strategia Marittima*. Roma: Edizioni Nuova Cultura, 2020.

Isabella Maria Chiara *si è laureata in Relazioni Internazionali Comparate, con specializzazione in Global Studies, all'Università Ca' Foscari di Venezia.*

Da sempre interessata alle dinamiche globali, alla geopolitica e agli studi storici, ha avuto modo di approfondire queste tematiche collaborando con diversi istituti di analisi e studi strategici, militari e civili. In particolare, presso il Centro Studi della Marina Militare ha contribuito ad attività di ricerca scientifica sui temi della marittimità e delle dinamiche geopolitiche legate alla contesa per il controllo degli spazi oceanici.

Come redattrice di analisi d'area, ha collaborato altresì con realtà private, redigendo policy brief sull'area MENA.

Questo è il suo primo contributo per Mondo Internazionale.